빛나라 합창명작품시리즈 5
The Vitnara Choral Edition

Korean, German & English
한글, 독일어 & 영어

Felix Mendelssohn

멘델스존
엘리야
Elias

Op. 70

홍정표 역

멘델스존(Felix Mendelssohn-Bartholdy 1809.2.3~1847.11.4 독일 함부르크)

이 세상의 음악가 중에는 생애를 살면서 가난과 싸우고 갖은 고생을 하며 산 사람들이 대부분이었다. 그러나 멘델스존은 부유한 유태인의 가정에서 태어나 어려서 모친인 레아로부터 피아노를 배우고 계속하여 좋은 음악 교사들 밑에서 음악 수업을 받았다. 특히 베를린의 유명한 쩰터(Zelter 1758~1832)에게 작곡을 배웠고 쩰터가 지휘하는 베를린징 아카데미합창단에서 노래하였고 그가 작곡한 시편가들을 쩰터의 합창단이 발표하는 등 그의 음악활동은 합창단에서부터 시작되었다.

계속하여 그는 피아노 연주가로서도 여러 곳에서 활동을 하였고 베를린에서는 오페라를 공연까지 하였으나 반대파의 방해로 좋은 반응을 얻지 못하였다. 그러나 그는 그곳 베를린 자유대학에서 일반 학문을 공부하며 교양을 넓히고 낭만적인 환경에서 음악적 견문을 쌓았다. 그 후 그는 교향곡, 피아노곡 등 많은 작품들을 작곡하였는데 영국, 이탈리아, 프랑스, 오스트리아 등을 순회하며 그 당시 유명한 작곡가들과 친분을 두텁게 하며 지냈고 뒤셀도르프에서는 그 시의 감독으로서, 라이프치히에서는 게반트하우스의 지휘자로서, 베를린에서는 교회의 음악을 담당한 자로서 일을 충실하게 하였으며, 후에는 라이프치히에서 음악학교를 설립하였는데 오늘날까지도 이 학교가 명문음악학교로 명맥을 이어나가고 있다.

그는 당시 낭만시대에 약 1세기 동안 잊혀졌던 바흐, 헨델의 곡을 많이 연주하여 새롭게 그들의 음악을 알 수 있도록 하였으며 멘델스존 자신도 개신교의 신자로서 음악가로서 그 흐름을 이어받아 교회에서 본인의 신앙을 토대로 한 작품들을 많이 남겼다. 그것은 시편 칸타타, 모테트, 안템, 오라토리오 등이다(그 중에 오라토리오는 위촉을 받아 연주회용으로 작곡되었다). 이 작품들은 바흐나 헨델이 가지고 있는 대위법적인 기법과 클래식과 낭만파의 감각과 기교가 잘 조화된 곡들이다. 전체적인 면에서 볼 때 섬세하고 우아한 선율과 화성의 연속으로 여린 듯한 면이 없지 않으나 후기작품들 중에는 남성적인 면이라 할 수 있는 강한 표현도 부분적으로 나타나고 있다.

“엘리야”는 헨델의 “메시아”, 하이든의 “천지창조”와 함께 3대 오라토리오로 손꼽히는 곡이다. 평소에 바흐와 헨델의 음악을 아끼고 좋아했던 멘델스존은 1829년 3월 11일에 “마태수난곡”을 연주하고 난 뒤 대규모의 오라토리오를 쓸 것을 결심하였다. 그 결과로 먼저 “바울”을 1836년에 작곡하여 영국 버밍햄에서 연주하였으며 좋은 반응을 얻은 그곳에서 1845년에 또 다른 오라토리오의 위촉을 받은 것이 바로 이 “엘리야”이다.

그 당시에는 유럽 전역에서 합창운동이 일어났던 때이다. 해가 지지 않는 나라라고 자처했던 영국은 그 정치 세력과 함께 엄청난 부와 귀족들의 배려로 인해 이 합창운동과 극장음악이 다른 나라보다 먼저 발전하였으며 앞서갔다. 그것은 일찍이 1784년에 웨스트민스터 교회에서 헨델의 “메시아”가 500명 규모의 대규모 연주로 행하여진 것을 보면 간접적으로 알 수 있겠다. 이러한 환경 속에서 “엘리야”의 초연은 1846년 8월 26일 버밍햄의 음악축제 때 대규모 합창단과 함께 멘델스존 자신의 지휘로 연주되어졌다. 그 당시 합창인원은 271명으로 소프라노 79, 알토 60, 베이스 72명으로 구성되어졌다. 그런데 영국인으로 구성된 알토의 음색이 너무 강해 남자들의 소리를 능가해 버렸다. 이러한 일 때문에 멘델스존은 그 알토들을 “수염 난 알토들”(Beardel Altos)이라고 평을 한 기록이 있다. 그럼에도 불구하고 그 연주회의 결과는 대단하였다. 그는 “많은 초연 중에 이렇게 만족한 연주는 결코 없었다”고 자주 회상하였다. 실제로 4곡의 아리아와 4곡의 합창이 앙코르로 불린 대단히 성공적인 초연이었다.

“엘리야”의 내용은 구약성경 열왕기상 17장부터 열왕기하 2장까지이지만 중간 중간에 극적인 처리를 위하여 아리아나 삽입된 줄거리가 성경 이외에서 부분적으로 첨가되었으며 성경의 다른 곳에서도(출애굽기, 시편, 이사야, 말라기 등) 인용이 되어졌는데 이 가사는 멘델스존의 친구인 목사 Julius Schubring에 의해 루터 번역의 독일어 성경을 기초로 작사되어졌다. 원래 악보에는 인용되어진 성경구절의 표시가 안 되어 있으나 번역하면서 찾아내어 참고할 분들을 위해 수록하였다. 영어 가사는 영국 공연을 위해 William Bartholomew가 원래의 가사의 리듬을 살리며 조심스럽게 영어로 붙였다. 이것은 초연 후에 다시 수정되어졌고 1847년 4월 16일 런던에서 공연되어진 것이 바로 오늘날 사용되는 영어 가사이다. 이번에 새롭게 출판되어지는 한국판 “엘리야”에 독일어와 영어를 함께 삽입하게 된 이유는 원래는 독일어로 작사되어졌지만 초연은 영어로 되어졌고 또한 사람들이 필요에 따라 영어로 연주하는 것을 염두에 두었기 때문에 번거로운 작업이었으나 영어도 함께 수록하였다.

"엘리야"에 나타나는 음악적 기법이나 구성은 바흐와 헨델의 영향이 크게 나타남을 볼 수 있다. 충실한 악곡구성과 힘찬 복선율의 푸가가 바로 이것을 증명하고 있다. 또한 구성 면에 있어서는 합창, 중창, 독창, 기악반주의 적절한 조화로 인해 장시간에 걸쳐 연주되는 이 곡을 지루하지 않게 잘 조화시켰다. 특히 극적인 구성에서는 그동안 섬세하고 세련된 우아한 선율과 화성으로 일관했던 그가 극적인 표현을 더욱 강하고 박력있게 처리하였다. 갈멜산에서의 바알선지자들의 울부짖음, 이에 대한 엘리야의 반응, 과부와 엘리야의 대화 그리고 아들이 살아나는 장면, 호렙산에서 하나님이 임하시는 부분, 바로 이러한 것들의 극적 효과가 뛰어난 부분들의 예라고 할 수 있다. 반면에 멘델스존의 우아함과 아름다운 선율들이 대부분의 아리아와 천사들의 노래에서 유감없이 나타나고 있다. 여기에 독특한 색채감과 화려한 화성의 관현악 반주는 "엘리야"가 낭만주의를 대표할만한 합창곡으로서 모습을 갖추기에 충분한 것이라 할 수 있겠다. 심혈을 기울여 "엘리야"를 작곡한 그 이듬해 베를린에서의 "엘리야" 공연 협의 중 누이의 사망 소식을 듣고 심한 충격을 받은 그는 결국 기력이 쇠하여 1847년 11월 4일 라이프치히에서 숨을 거두고 만다. 이때 그의 나이는 38세였다.

이번에 발행되어지는 "엘리야"가 본인의 번역에 의해 출판되어지는 것에 대해 처음에는 주저하였지만 정작 작업에 들어가서는 아름다운 곡에 매료되어 시간가는 줄 모르고 몰두하였다. 원칙적인 면에서는 독일어 성경을 우선으로 참조 하였으며 특히 레치타티브에서 한국어의 운율과 원곡의 운율을 맞추는데 심혈을 기울였다. 어떤 부분은 난감한 부분도 있었으나 하나님의 도우심과 함께 하심으로 계속 할 수 있도록 힘을 주심을 감사드리고 원문과 함께 본인의 신앙적 고백도 부분적으로 삽입되었음을 밝혀둔다. 특별히 이번에 출판된 "엘리야"는 '합창명작품시리즈 5 - 빛나라 에디션'으로, 기존 출판된 많은 유럽, 북미권 악보를 철저히 분석·연구하여 연주자에게 가장 좋은 흐름으로 완성하였다. 출판을 위해 함께 한 빛나라 손중목 대표 및 편집부, 책임감수로 수고한 최영은 선생에게도 감사의 뜻을 전한다. 이 "엘리야"로 인해 한국교회음악이 더욱 풍성하게 발전되는데 조금이라도 기여가 되기를 바라며 하나님의 사람인 엘리야 같은 자가 노래로 부르는 자 중에 듣는 자 중에 많이 나와 하나님의 나라를 이 땅에 건설하는데 도구로 사용되어지기를 바라는 마음이다.

홍 정 표

차례

1부

ERSTER TEIL 1

차례

2부

ZWEITER TEIL 2

ELIAS

ERSTER TEIL

Einleitung

서창(베이스–Elias)

왕상 17:1

Felix Mendelssohn Bartholdy op. 70
홍정표 역

Grave (♩ = 60)
엘리야 (Bass)
살 아 계 신 여 호 와 이름 으 로 맹 세 하
So wahr der Herr, der Gott Is - ra-els, le - bet, vor dem ich
As God, the Lord of Is - ra - el liv - eth, be - fore
5
나 니 나 의 말 이 없 으 면 결 코 비 오 지
ste - he: Es soll die - se Jah - re we - der Thau noch Re - gen
whom I stand: There shall not be dew nor rain these years, there shall not be
8
않 으 리 내 가 말 하 노 라
kom - men, ich sa - ge es denn.
dew nor rain, but ac - cord - ing to my word.

서 곡
Ouvertüe

Moderato (♩ = 92)
pp
4
sempre pp
7
pp
10
sempre pp
13

16
cresc.
sf
sf
19
p
cresc.
sf
22
cresc.
p
25
cresc.
p
dim.
sf
28
p
cresc.
30
cresc.

32
sf
sempre cresc.
34
sf
sf
36
sf
sf
sf
f
38
sf
40
f
marc.
42
sf
sf

44
46
sf
sf
48
piu f
50
sf
sf
sf
sf
52
sf
sf
sf
sf
54
piu f

56
sf
sf
ff
58
60
sempre ff
sf
sf
63
65
ff
68

70
ff
72
ff
74
sf
sempre ff
sf
76
sf
sf

1. 도우소서 주여

1. Hilf, Herr!

(합 창)

Andante lento (♩ = 76)
ff 백성들 (Das Volk)
Sopran
Alt
Tenor
Bass
주 여 주 여
Hilf, Herr! Hilf, Herr!
Help, Lord! Help, Lord!
Andante lento (♩ = 76)
5
우 리 멸 하 시 나 이 까
willst du uns denn gar ver - til - gen?
Help, Lord! Wilt thou quite des - troy us?
dim.
주 여
Hilf, Herr!
Help, Lord!

9
p
저 추 수 때 지 나 고 여 름 은 갔 으 나
Die Ern - te ist ver - gan - gen, der Som - mer ist da - hin!
The har - vest now is o - ver, the sum - mer days are gone,
9
p
dim.

12
p
우 리 를 도 울 자 전 혀 없 네
Und uns ist kei - ne Hül - fe ge - kom - men!
And yet no po - wer com - eth to help us,
p
저 추 수 때 지 나 고 여
Die Ern - te ist ver - gan - gen, der
The har - vest now is o - ver, the
우 리 를 도 울 자 전 혀 없 네
und uns ist kei - ne Hül - fe ge - kom - men!
and yet no pow - er com - eth to help us!
도 울 자 없 네
und uns ist kei - ne,
and yet no pow - er
12

15
저
Die
The
름 은 갔 으 나 우 리 를 도 울 자 전 혀 없 네
Som-mer ist da-hin, und uns ist kei-ne Hül-fe ge-kom-men,
sum-mer days are gone, and yet no pow-er com-eth to help us,
도 울 자 전 혀 없 네 우 리 를 도— 울 자 없 네 저
kei-ne Hül-fe ge-kom-men, ist kei-ne Hül-fe ge-kom-men, die
com-eth, com-eth to help us, no pow-er com-eth to help us! The
우 리 를 도 울 자 전 혀
Und uns ist kei-ne Hül-fe ge-
And yet no pow-er com-eth to
15
18
cresc.
추 수 때 지 나 고 여 름 은 갔 으 나 우 리 를 도 울 자 전 혀
Ern-te ist ver-gan-gen, der Som-mer ist da-hin, und uns ist kei-ne Hül-fe ge-
har-vest now is o-ver, the sum-mer days are gone; And yet no pow-er com-eth to
도 울 자 없 네 도 울 자— 하 나 없 네 우 리 를
ist kei-ne Hül-fe, kei-ne Hül-fe ge-kom-men, ist kei-ne
And yet no pow-er com-eth, com-eth to help us, no pow-er
추 수 때 지 나— 고 여 름 은 갔 으 나
Ern-te ist ver-gan-gen, der Som-mer ist da-hin,
har-vest now is o-ver, the har-vest now is o-ver,
없 네
kom-men!
help us!
18
cresc.

21
없 네 도 울 자 없 네 도 울 자 전 혀
Kom - men, ist kei - ne Hül - fe, kei - ne Hül - fe ge-
help us, And yet no pow - er com - eth, com - eth to
도 울 자 없 네 저 추 수 때 지 나 고 여 름 은 갔 으
Hül - fe ge-kom - men, Die Ern - te ist ver-gan-gen, der Som - mer ist da -
com - eth to help us! The har - vest now is o - ver, the sum - mer days are
도 울 자 전 혀 없 네 도 울 자 전 혀 없 네 도 울 자 전 혀
und uns ist kei - ne Hül - fe ge - kom-men, kei - ne Hül - fe, kei - ne Hül - fe ge-
and yet no pow - er com - eth, and yet no pow - er com - eth, yet no pow - er
저 추 수 때 지 나 고 여 름 은 갔 으 나
Die Ern - te ist ver-gan-gen, der Som-mer ist da - hin,
The har - vest now is o - ver, the sum-mer days are gone,
21
cresc.
24
없 네 우 리 를 도 울 자 없 네 저 추 수 때 지 나
kom - men, ist kei - ne Hül - fe ge-kom - men, die Ern - te ist ver-gan -
help us. no pow - er com - eth, to help us! The har-vest now is o -
나 우 리 를 도 울 자 전 혀 없 네 우 리 를
hin, und uns ist kei - ne Hül - fe ge-kom - men, und uns ist
gone, and yet no pow - er com - eth to help us, And yet no
없 네 우 리 를 도 울 자 전 혀 없 네
kom - men, und uns ist kei - ne Hül - fe ge-kom - men.
com - eth, and yet no pow - er com - eth to help us!
우 리 를 도 울 자 전 혀 없 네 우 리 를 도 울 자 없 네 우 리
und uns ist kei - ne Hül - fe ge - kom - men, ist kei - ne Hül - fe ge-kom-men, uns ist
and yet no pow - er com-eth to help us, no pow - er com - eth to help us, yet no
24

27
고 우 리 를 도 울 자 전 혀 없— 네 우 리 를 도 울 자 없 네
gen, und uns ist kei-ne Hül-fe ge-kom - men, ist kei-ne Hül-fe ge-kom - men,
ver, And yet no pow-er com-eth to help - us, no pow-er com-eth to help us!
도 울 자 전 혀 없 네 우 리 를 도— 울 자 없 네 저
kei-ne Hül-fe ge-kom - men, ist kei-ne Hül - fe ge-kom - men, die
pow-er com-eth to help us, no pow-er com - eth to help us! The
저 추 수 때 지 나 고 여 름 은 갔 으 나 우 리 를
Die Ern-te ist ver-gan - gen, der Som-mer ist da-hin, und uns ist
The har-vest now is o - ver, the sum-mer days are gone, And yet no
도 울 자 전 혀 없——— 네 우 리 를 도 울 자 전 혀 없 네
kei-ne Hül-fe ge-kom - - - men, und uns ist kei-ne Hül - fe ge - kom - men,
pow-er com-eth to help——— us, And yet no pow-er com - eth to help us,
27
30
저 추 수 때 지 나 고 여 름 은 갔 으 나
die Ern-te ist ver-gan - gen, der Som-mer ist da-hin,
The har-vest now is o - ver, the sum-mer days are gone.
추 수 때 지 나 고 여 름 은 갔 으 나 우 리 를 도 울 자 전 혀
Ern-te ist ver - gan - gen, der Som-mer ist da hin und uns ist kei-ne Hül-fe ge-
har-vest now is o - ver, the sum-mer days are gone, And yet no pow-er com-eth to
도 울 자 전 혀 없 네 도 울 자 없 네 우 리 를 도 울 자 전 혀
kei-ne Hül-fe ge-kom - men, ist kei-ne Hül - fe, und uns ist kei-ne Hül-fe ge-
pow-er com-eth to help us, no pow-er com - eth, And yet no pow-er com-eth to
저 추——— 수 때 지 나 고 도 울 자 전 혀 없 네 도 울 자
die Ern - te ist ver-gan - gen, und uns ist kei-ne Hül - fe ist kei-ne
The har - vest now is o - ver, the har-vest now is o - ver! And yet no
30
più f

33
A
f
p
우 리 를 도 울 자 전 혀 없 네 도 울 자 하 나 없 네 시 온 의
und uns ist kei - ne Hül - fe ge - kom - men, die Ern - te ist ver - gan - gen! Will denn der
And yet no pow - er com - eth to help us, The har - vest now is o - ver! Will then the
없 네 저 추 수 때 지 나 — 고 도 울 자 하 나 없 네
kom - men, die Ern - te ist ver - gan - gen, die Ern - te ist ver - gan - gen!
help us, har - vest now is o - ver, The har - vest now is o - ver!
없 네 도 울 자 하 나 도 울 자 가 전 혀 없 네 시 온 의
kom - men, ist kei - ne Hül - fe, ist kei - ne Hül - fe ge - kom - men! Will denn der
help us, and yet no pow - er no pow - er, com - eth to help us! Will then the
없 네 도 울 자 도 와 줄 자 가 전 혀 없 네
Hül - fe ge - kom - men, uns ist kei - ne Hül - fe ge - kom - men!
pow - er no pow - er, yet no pow - er com - eth to help us!
36
하 나 님 어 디 계 시 나 시 온 의
Herr nicht mehr Gott sein in Zi - on? Will denn der
Lord be no more God in Zi - on? Will then the
하 나 님 어 디 계 시 나 시 온 의
Herr nicht mehr Gott sein in Zi - on? Will denn der
Lord be no more God in Zi - on? Will then the

38
cresc.
f
하 나 님 어 디 계 시 나 시 온 의
Herr nicht mehr Gott sein in Zi - on? Will denn der
Lord be no more God in Zi - on? Will then the
cresc.
f
하 나 님 어 디 계 시 나 시 온 의
Herr nicht mehr Gott sein in Zi - on? Will denn der
Lord be no more God in Zi - on? Will then the
38
cresc.
sf

40
하 나 님 어 디 계 시 나 시 온 의
Herr nicht mehr Gott sein in Zi - - on, Will denn der
Lord be no more God in Zi - - on? Will then the
주
nicht
in
f
하 나 님 어 디 계 시 나 저 추 수 때 지
Herr nicht mehr Gott sein in Zi - - on? Die Ern - te ist ver -
Lord be no more God in Zi - - on? The har - vest now is
40
f
f

42
sf
하 나 님 어 디 계 시 나
Herr nicht mehr Gott sein in Zi - on?
Lord be no more God in Zi - on?
f
하 나 님 저 추 수 때 지
mehr Gott sein? Die Ern - te ist ver -
Zi - - - - - on? The har - vest now is
나 고 여 름 은 갔 으 나 우 리 를
gan - gen, der Som - mer ist da - hin, und uns ist
o - ver, The sum - mer days are gone, and yet no
f
하 나 님 어 디 계 시 나 시 온 의
Will denn der Herr nicht mehr Gott sein, Will denn der
Will then the Lord be no more God, Will then the
42
f
44
f
저 추 수 때 지
Die Ern - te ist ver -
The har - vest now is
나 고 여 름 은 갔 으 나 우 리 를
gan - gen, der Som - mer ist da - hin, und uns ist
o - ver, the sum - mer days are gone, And yet no
f
도 울 자 전 혀 없 네 도 울 자 시 온 의
kei - ne Hül - fe ge kom - men, ge - kom - - - - men; Will denn der
pow - er com - eth to help us, to help us! Will then the
하 나 님 어 디 계 시 나 주 어 디 계
Herr nicht mehr Gott sein in Zi - on, nicht Gott sein in
Lord be no more God in Zi - on, no more God in
44
piu f
sf

46
나 고 여 름 은 갔 으 나 여 름 은 갔 으
gan - gen, der Som - mer ist da - hin, der Som - mer ist da -
o - ver, the sum - mer days are gone, The sum - mer days are
도 울 자 전혀없 네 시 온 의 하 나 님
kei - ne Hül - fe ge-kom - men; will denn der Herr night mehr
pow - er com - eth to help us! Will then the Lord be no
하 나 님 어 디 계 시 나 시 온 의 하
Herr nicht mehr Gott sein in Zi - on, nicht Gott sein in
Lord be no more God in Zi - on, no more God in
시 나 저 추 수 때 지 나 고 저 추 수 때 지
Zi - on? Die Ern - te ist ver - gan - gen, die Ern - te ist ver -
Zi - on? The har - vest now is o - ver, The har - vest now is
46
piu f
48
B
sf
나 저 추 수 때 지 나 고 여 름 은 갔 으 나 주
hin, die Ern - te ist ver - gan-gen, der Som-mer ist da - hin! Hilf,
gone, The har - vest now is o - ver, the sum-mer days are gone! Help,
어 디 어 디 에 계 시 나 저 추 수 때 지 나
Gott sein, nicht Gott sein in Zi - on? Die Ern - te ist ver-gan - - -
more God, no more God in Zi - on? The har-vest now is o - - -
나 님 어 디 에 계 시 나 저 추 수 때 지
Zi - on, nicht Gott sein in Zi - on? Die Ern - te ist ver-
Zi - on, no more God in Zi - on? The har-vest now is
나 고 저 추 수 때 가 지 나 주
gan - gen, die Ern - te ist ver - gan - gen! Hilf,
o - ver, The har - vest now is o - ver; Help,
48
B
ff
sf

51
여 오 저 추 수 때 지 나 고 지
Herr! Hilf! die Ern - te ist ver-gan - gen, ver-
Lord! Help! The har-vest now is o - ver, is
고 오 저 추 수 때 지 나 고 지
gen, Herr, die Ern - te ist ver - gan - - - gen, ver-
ver, Lord, the har-vest now is o - - - ver, is
sf
나 고 여 름 은 갔 으 나 저 추 수 때 지
gan-gen, der Som-mer ist da-hin, die Ern - te ist ver-
o - ver, the sum-mer days are gone, the har-vest now is
f
여 저 추 수 때 지 나 고 저 추 수 때 지
Herr! Die Ern - te ist ver-gan - gen, die Ern - te ist ver-
Lord! The har-vest now is o - ver, The har-vest now is
51
ff
54
ff
dim.
p
나 고 여 름 은 갔 으 나 우 리 를 도 울 자 전 혀 없 네
gan - gen, der Som-mer ist da - hin, und uns ist kei - ne Hül - fe ge - kom - men!
o - ver, the sum-mer days are gone, and yet no pow - er com - eth to help us!
나 고 여 름 은 갔 으 나 우 리 를 도 울 자 전 혀 없 네
gan - gen, der Som-mer ist da - hin, und uns ist kei - ne Hül - fe ge - kom - men!
o - ver, the sum-mer days are gone, and yet no pow - er com - eth to help us!
54
ff
dim.
p

Recit.
59
L'istesso tempo
저 바 닷물 이 줄 고
Die Tie - fe ist ver - sie - get!
The deeps afford no wa - ter!
모 든 강 물말 랐 도 다
Und die Strö - mesind ver-trock - net!
And the riv - ersare ex-haust - ed!
59
L'istesso tempo
62
어 린 이 혀 들 은 갈 하 여 붙 었
Dem Säug - ling klebt die Zun - ge am Gau - men vor
The suck - ling's tongue now cleav - eth for thirst to his
62

64
고
Durst!
mouth;
아 이 들 배 가 고 파
Die jun - gen Kin - der heis - chen
The in - fant chil - dren ask for
cresc.
아 이 들 배 가 고 파 도
Die jun - gen Kin - der heis - chen Brod!
The in - fant chil - dren ask for bread!
64
66
sf
빵 줄 자 없 네 빵 줄 자 가 없 네
Und da ist Nie - mand, der es ih - nen bre - che!
And there is no one break-eth it to feed them!
cresc.
빵 줄 자 없 네
Und da ist Nie - mand,
And there is no one!
도
Brod!
bread!
66
sf

2. 주여, 우리 기도를 들으소서

2. Herr, höre unser Gebet!

이중창(소프라노 I, II) & 합창

Sostenuto ma non troppo (♪ = 100)
dolce
Sopran I Solo
Sopran II Solo
백성들 (Das Volk)
sf
dim.
CHOR
주 여 우 리 기 도 를
Herr, hö - re un - ser Ge - bet!
Lord, bow thine ear to our pray'r!
시 온
Zi - on
Zi - on
sf
dim.
들 어 응 답 하 소 서
Herr, hö - re un - ser Ge - bet!
Lord, bow thine ear to our pray'r!
Sostenuto ma non troppo (♪ = 100)
pp
5
sf
이 손을벌 려 도 아 무 도 위 로 할 자 없 네 시 온
streckt ih - re Hän - de aus, und da ist Nie - mand der sie trö - ste, Zi - on
spread - eth her hands for aid; And there is nei - ther help nor com - fort. Zi - on
5

9
이 손을벌 려 도 아 무도위로할 자 없— 네
streckt ih-re Hän-de aus, und da ist Nie-mand der sie trö - ste,
spread-eth her hands for aid; And there is nei-ther help nor com - fort,
시 온 이 손을벌 려 도 아 무 도 위 로 할 자
Zi - on streckt ih-re Hän-de aus, und da ist Nie-mand der ste
Zi - on spread-eth her hands for aid, and there is nei-ther help nor
9
13
아— 무 위 로 할 자 없— 네
da— ist Nie-mand der sie trö - - - ste.
there— is nei-ther help nor com - - - fort.
없 네 위 로 할 자 없— 네
trö - ste, Nie-mand der sie trö - - - ste.
com - fort, nei-ther help nor com - - - fort.
sf
cresc.
주 여 우 리 기도
Herr, hö - re un - ser Ge-
Lord, bow thine ear to our
13
sf
sf

18
dolce
시 온 이 손 을 벌 려
Zi - on streckt ih - re Hän - de
Zi - on spread - eth her hands for
시 온 이 손 을 벌 려
Zi - on streckt ih - re Hän - de
Zi - on spread - eth her hands she
를
bet!
pray'r!
sf
cresc.
들 어 응 답 하 소 서
Herr, hö - re un - ser Ge - bet!
Lord, bow thine ear to our pray'r!
18
sf
cresc.
p
22
cresc.
도 아 무 도 위 로 할 자 없 네 위 로 할 자 없 네
aus, und da ist Nie-mand der sie trö - ste, Nie-mand der sie trö - ste,
aid; And there is nei - ther help nor com - fort, nei - ther help nor com - fort,
cresc.
도 손 을 벌 려 도 아 무 도 위 로 할 자 없 네 아 무 도
aus, ih - re Hän - de aus, und da ist Nie-mand der sie trö - ste, und da ist
spread-eth her hands for aid, and there is nei - ther help nor com-fort, and there is
p
오 주 여 우 리 기 도
Herr, hö - re un - ser Ge - bet.
Lord, bow thine ear to our pray'r!
22

27
위 로— 없 네 시 온 이 손을벌 려
der sie— trö - ste. Zi - on streckt ih-re Hän - de
help nor— com - fort. Zi - on spread-eth her hands for
위 로 할 자 없——네
Nie - mand der sie trö - ste.
nei - ther help nor com - fort.
cresc.
응 답 해 주소 서
hö - re un - ser Ge - bet!
bow thine ear to our pray'r!
오 주 여 우 리기 도
Herr, hö - re un - ser Ge - bet!
Lord, bow thine ear to our pray'r!
31 A
도 아 무 도 위 로 할 자— 없 네 아 무 도 위 로 할 자—
aus, und da ist Nie-mand der sie— trö - ste, und da ist Nie-mand der sie—
aid, and there is nei - ther help nor— com - fort, and there is nei - ther help nor—
응 답 하 여 주소 서
Herr, hö - re un - ser Ge - bet!
Lord, bow thine ear to our pray'r!
오 주 여 우 리 기
Herr, hö - re un - ser Ge-
Lord, bow thine ear to our

35
f
없 네 아 무 - 위 로 할 자 없 네 아 무 도 위 로 할 자
trö - ste, da ist Nie-mand der sie trö - ste, und da ist Nie-mand der sie
com-fort, there is nei - ther help nor com - fort, and there is nei - ther help nor
sf
아 무 도 위 로 할 자 없 네 위 로 할 자
und da ist Nie-mand der sie trö - ste, Nie-mand der sie
and there is nei - ther help nor com - fort, nei - ther help nor
pp
오 오
Herr! Herr,
Lord, Lord,
pp
도 오 응 답 해 주 소 서
bet! Herr, hö - re un - ser Ge - bet!
pray'r! Lord, bow thine ear to our pray'r!
cresc.
dim.
p
40
cresc.
B
f
없 네 시 온 이 손 을 벌 려 도 아 무 도
trö - ste. Zi - on streckt ih - re Hän - de aus, und da ist
com - fort. Zi - on spread - eth herhands for aid, and there is
없 네 시 온 이 손 을 벌 려 도 아 무 도
trö - ste. Zi - on streckt ih - re Hän - de aus, und da ist
com - fort. Zi - on spread - eth herhands for aid, and there is
주 여 우 리 기 도
hö - re un - ser Ge - bet!
bow thine ear to our pray'r!
cresc.
p
오 주 여 우 리 기 도
Herr, hö - re un - ser Ge - bet!
Lord, bow thine ear to our pray'r!
40
B
cresc.
p

44
위 로 할 자 없 네 아 무 도 위 로
Nie-mand der sie trö - - ste, und da ist Nie - mand,
nei - ther help nor com - - fort, and there is nei - ther,
위 로 할 자 없 네 아 무 도 위 로
Nie-mand der sie trö - - ste, und da ist Nie - mand,
nei - ther help nor com - - fort, and there is nei - ther,
p
오 주 여 우 리 기 도
Herr, hö - re un - ser Ge - bet!
Lord, bow thine ear to our pray'r!
p dim.
오 응 답 해 주 소
Herr, hö - re un - ser Ge-
Lord, bow thine ear to our
44
dim.
49
sf
아 무 도 위 로 할 자 없 네
und da ist Nie - mand der sie trö - ste!
and there is nei - ther help nor com - fort!
아 무 도 위 로 할 자 없 네
und da ist Nie - mand der sie trö - ste!
and there is nei - ther help nor com - fort!
pp
주 여
Hö - re!
Bow thine ear!
서
bet!
pray'r!
dim.
pp

3. 너희의 마음을 찢으라

3. Zerreisset eure Herzen

서창(테너–Obadjah)

욜 2:13

오바댜 (Tenor)
네 옷 을 찢 지 말 고 너 희 맘 찢
Zer - rei - sset eu - re Her - zen, und nicht eu - re
Ye peo - ple, rend your hearts, rend your hearts, and not your
fp
3
어 라 우 리 의 못 된 죄 로 인 해 하 늘 문 이 닫 혔 도 다 그 가
Klei - der! Um uns - rer Sün - den will - en hat E - li - as den Him - mel ver - schlo - ssen durch das
gar - ments for your trans - gres - sions: e - ven as E - li - jah hath seal - ed the hea - vens through the
cresc.
sf
f
5
말 하 길 하 나 님 께 로 향 하 면 자 비 의 하 나 님 께 서 한 없 는 은
Wort des Herrn! So be - keh - ret euch zu dem Herrn, eu - rem Gott, denn er ist gnä - dig, barm - her - zig, ge -
word of God. I there - fore say to ye, For - sake your idols, return to God; for He is slow to an - ger, and
f
p
8
혜 와 그 큰 사 랑 으 로 우 리 를 용 서 하 시 리 라
dul - dig und von gro - sser Gü - te und reut ihn bald der Stra - fe.
mer - ci - ful, and kind, and gra - cious, and re - pent - eth Him of the e - vil.
sf
p

4. 참 맘으로 나를 찾으면

4. So ihr mich von ganzem Herzen suchet

영창(테너–Obadjah)

Andante con moto (♩ = 72) 오 바 댜 (Tenor)
참 맘 으 로 나 를 찾 을
So ihr mich von gan - zem Her-zen
If with all your hearts ye tru - ly
p
Ped.
5
때 에 진 정 나 를 만 나 리 라 말 하 셨
su - chet, so will ich mich fin - den las - sen, spricht un - ser
seek me, ye shall ev - er sure - ly find me, thus saith our
9
다 참 맘 으 로 나 를 찾 을
Gott. So ihr mich von gan - - - zem Her-zen
God. If with all your hearts ye tru - ly
13
때 에 진 정 나 를 만 나 리 라 주 여 호
su - chet, so will ich mich fin - den las - sen, spricht un - ser
seek me, Ye shall ev - er sure - ly find me, thus saith our

17
A
cresc.
와 말 하 셨 다 아! 나 는
Gott, spricht un - ser Gott. Ach! dass ich
God, thus saith our God. Oh! that I
p
21
아 네, 주 계 신 보 좌 나 는 주 께 가 기 원 합 니 다
wüss - te, wie ich ihn fin - den und zu sei-nem Stuh - le kom-men möch - te!
knew where I might find Him,that I might ev - en come be - fore His pre - sence!
25
cresc.
아! 나 는 아 네, 주 계 신 보 좌 나 는 주 께 가 기 원 합
Ach! dass ich wüss - te, wie ich ihn fin - den und zu sein-em Stuh - le kom-men
Oh! that I knew where I might find Him,that I might ev - en come be - fore His
p
cresc.
29
sf
p
니 다 나 가 기 원 합 니 다 아! 나 는
möch - te, wie ich ihn fin - den möch - te! Ach! dass ich
pre - sence! come be - fore His pre - sence! Oh! that I
cresc.
sf
p

33
B
dim.
pp
아 네 나 가 기 원 합 니 다 참 맘
wüs - ste, wie ich ihn fin - den möch - - - te! So ihr
knew — where — I might find Him! If with
38
으 로 나 를 찾 을 때 에 진 정 나 를 만 나
mich von gan - zem Her - zen su - chet, so will ih migh fin - den
all your hearts ye tru - ly seek me, ye shall ev - er sure - ly
sf
p
42
리 라 말 하 — 셨 — 다 진 정 나 를 만 나 리 라
las - sen, spricht un - ser — Gott, so will ich mich fin - den las - sen,
find me thus saith our — God, ye shall ev - er sure - ly find me,
cresc.
f
47
말 하 — 셨 — 다
spricht un - ser — Gott.
thus saith — our — God.

5. 하나님이 보지 않으셨다

5. Aber der Herr sieht es nicht

(합창)

Allegro vivace (𝅗𝅥 = 96) 백성들 (Das Volk)
Sopran
Alt
Tenor
Bass
f
우 리 를
A - ber der
Yet doth the
그 러 나 하 나 님 이
A - ber der Herr sieht es nicht,
Yet doth the Lord see it not,
Allegro vivace (𝅗𝅥 = 96)
4
비 웃 었 도 다
Er spot - tet un - ser.
He mock - eth at us,
보 시 잖 고 비 웃 었 도 다
Herr sieht es nicht, er spot - tet un - ser,
Lord see it not, He mock - eth at us,
비 웃 었 도 다
Er spot - tet un - ser.
He mock - eth at us,
그 러 나 하 나 님
A - ber der Herr sieht es
Yet doth the Lord see it
sf

9
f
우 리 를 보 시 잖 고 비 웃 었 도 다 비 웃 었
A - ber der Herr sieht es nicht, er spot - tet un - ser, er spot - tet
Yet doth the Lord see it not, He mock - eth at us, He mock-eth
이 비 웃 었 도 다 비 웃 었
nicht, er spot - tet un - ser, er spot - tet
not, He mock - eth at us, He mock-eth
9
f
14
f
도 다 그 저 주 벌 써 임 했 도 다
un - ser. Der Fluch ist u - ber uns ge - kom - - - - men,
at us, His curse hath fall - en down up on us;
도 다
un - ser.
at us,
f
그
Der
His
14
sf sf sf sf sf sf
sf

19
f
그 저 주
der Fluch ist
His curse hath
그 저 주 벌 써임 했도
Der Fluch ist ü - ber uns ge - kom - - - -
His curse hath fall - en down up - on
그 저 주 우 리 에
Der Fluch ist ü - ber uns,
His curse hath fall - en down,
저 주 벌 써임 했 도 다 벌 써임 하
Fluch ist ü - ber uns ge - kom - men, ü - ber uns ge -
curse hath fall - en down up - on us, fall - en down up -
sf
23
벌 써임 했 도 다
ü - ber uns ge - kom - men.
fall - en down up - on us.
다 왔 도 다 죽 기 까 지 우 리 고 생 을
- - - men, ge - kom - men, er wird uns ver - fol - gen bis er uns
us, up - on us, His wrath will pur - sue us till He de -
게 벌 써임 했 도 다
ist ü - ber uns ge - kom - men,
hath fall - en down up - on us,
였 도 다 벌 써임 했 도 다
kom - men, ist ü - ber uns ge - kom - men,
on us, hath fall - en down up - on us,
sempre f

27
f
죽 기 까 지 우 리 고 생 을 하 리 죽 도
er wird uns ver - fol - gen bis er uns töd - tet, ver - fol - - - - -
His wrath Will pur - sue us till He de - stroy us, pur - sue
하 리 죽 도 록 고 생 죽 도 록
töd - tet, bis er uns töd - tet, bis er uns
stroy us, till He de - stroy us, till He de -
f
죽 기 까 지 우 리 고 생 을 하 리 죽 도 록 고 생 을
er wird uns ver - fol - gen bis er uns töd - tet, ver - fol - gen bis er uns
His wrath will pur - sue us till He de - stroy us, pur - sue us till He de-
f
죽 기 까 지 우 리 고 생 을
er wird uns ver - fol - gen bis er uns
His wrath will pur - sue us till He de-
27
sf
sf
31 A
록 고 생 을 하 리 죽 기 까 지 우 리 고 생 을
- - gen bis er uns töd - tet, er wird uns ver - fol - gen bis er uns
us till He de - stroy us, His wrath will pur - sue us till He de-
고 생 죽 기 까 지 우 리 고 생 을 하 리
töd - tet, er wird uns ver - fol - gen bis er uns töd - tet,
stroy us, His wrath will pur - sue us till He de - stroy us,
하 리 죽 기 까 지
töd - - - tet, er wird uns ver-
stroy us, His wrath will pur
하 리
töd - - - - - - - - - - tet,
stroy us,
31 A

35
하 리 죽 기 까 지 고 생 죽 기 까 지
töd - tet, er wird uns ver - tol - gen, er wird uns ver -
stroy us, His wrath will per - sue us, His wrath will pur -
죽 기 까 지 우 리 고 생 을 하 리 죽 기 까 지
er wird uns ver - fol - gen bis er uns töd - tet, er wird uns ver -
His wrath will pur - sue us till He de - stroy us, His wrath will pur -
고 생 죽 기 까 지 우 리 고 생 을
fol - gen, er wird uns ver - fol - gen bis er uns
sue us, His wrath will pur - sue us till He de -
죽 기 까 지 우 리 고 생 을 하 리 죽 기 까 지
er wird uns ver - fol - gen bis er uns töd - tet, er wird uns ver -
His wrath will pur - sue us till He de - stroy us, His wrath will pur -
35
39
고 생 죽 기 까 지 우 리 고 생 을
fol - - - - - - - gen, er wird uns ver - fol - gen bis er uns
sue us, His wrath will pur - sue us till He de -
우 리 고 생 을 하 리 죽 도 록 고 생
fol - gen bis er uns töd - tet, bis er uns töd - tet,
sue us till He de - stroy us, till He de - stroy us,
하 리 죽 도 록 고 생
töd - tet, bis er uns töd - - - - - - - - tet,
stroy us, till He de - stroy us,
f
고 생 그
fol - gen. Der
sue us. His
39
f

43
하 리 죽 도 록— 고 생 죽 기 까 지 우 리 고 생 을
töd - tet bis er uns— töd - tet, er wird uns ver - fol - gen bis er uns
stroy us, till He de - stroy us, His wrath will pur - sue us till He de-
죽 기 까 지 우 리 고 생 을 하 리
er wird uns ver - fol - gen bis er uns töd - - - tet,
His wrath will pur - sue us till He de - stroy us,
죽 기 까 지 우 리 죽 도 록— 고 생
er wird uns ver - fol - gen bis er uns— töd - tet,
His wrath will pur - sue us till He de - stroy us,
저 주 벌 써 임 했 도 다 죽 기 까 지
Fluch ist ü - ber uns ge - kom - men, er wird uns ver-
curse hath fall - en down up - on us, His wrath will pur-
43
sf
47
하 리 죽 기 까 지 우 리 고 생 을
töd - tet, er wird uns ver - fol - gen bis er uns
stroy us, His wrath will pur - sue us till He de
죽 기 까 지 우 리 고 생 을 하 리 죽 기 까 지 우 리 고 생 을
er wird uns ver - fol - gen bis er uns töd - tet, er wird uns ver - fol - gen bis er uns
His wrath will pur - sue us till He de - stroy us, His wrath will pur - sue us, till He de-
죽 기 까 지 우 리 고 생 을 하 리 죽 기 까 지 우 리 고 생 을
er wird uns ver - fol - gen bis er uns töd - tet, er wird uns ver - fol - gen bis er uns
His wrath will pur - sue us till He de - stroy us, His wrath will pur - sue us till He de-
고 생 죽 도 록 고 생 고 생 을
fol - gen bis er uns töd - - - tet, bis er uns
sue us till He de - stroy us, till He de -
47
sf

51
B
f
하 리 그 저 주 벌 써 임 했 도 다 그
töd - tet. Der Fluch ist ü - ber uns ge - kom - men, ge -
stroy us. His curse hath fall - en down up - on us, up -
하 리 죽 도 록 고 생 죽 기 까 지 고 생
töd - tet, bis er uns töd - tet, er wird uns ver - fol - gen,
stroy us, till He de - stroy us, His wrath will pur - sue us,
하 리 죽 기 까 지 고 생 죽 도 록
töd - tet, er wird uns ver - fol - gen bis er uns
stroy us, His wrath will pur - sue us till He de -
f
하 리 그 저 주 벌 써 임 했
töd - tet. Der Fluch ist ü - ber uns ge -
stroy us. His curse hath fall - en down up -
51
sf
ff
B
55
저 주 죽 기 까 지 우 리 고 생 을 하
kom - men, er wird uns ver - fol - gen bis er uns töd -
on us, His wrath will pur - sue us till He de - stroy
죽 기 까 지 고 생 죽 도 록 우 리 고 생 을 하
er wird uns ver - fol - gen, wird uns ver - fol - gen bis er uns töd
His wrath will pur - sue us, till He de - stroy us till He de - stroy
고 생 죽 기 까 지 우 리 고 생 을 하
töd - tet, er wird uns ver - fol - gen bis er uns töd -
stroy us, His wrath will pur - sue us till He de - stroy
도 다 죽 기 까 지 우 리 고 생 을 하
kom - men, er wird uns ver - fol - gen bis er uns töd
on us, His wrath will pur - sue us till He de - stroy
55

59
f
리 죽 기 까 지 고 생 우 리 고 생 하 리
tet, er wird uns ver - fol - gen, er wird uns ver - fol - gen
us, His wrath will pur - sue us, His wrath will pur - sue us
ff

63
죽 도 록— 고 생 고 생 을 하 리
bis er uns— töd - tet, bis er uns töd - tet!
till He de - stroy us, till He de - stroy us!

출애굽기 20:5

67
Grave (𝅗𝅥 = 58)
f
나 주 여 호 와 는 질 투 하 는 자 니 라
Denn ich der Herr dein Gott, ich bin ein ei - fri - ger Gott,
For He the Lord our God, He is a jeal - ous God,
f
나 주 여 호 와 는 질 투 하 는 자 니 라
Denn ich der Herr dein Gott, ich bin ein ei - fri - ger Gott,
For He the Lord our God, He is a jeal - ous God,
67
Grave (𝅗𝅥 = 58)
f
74
p
cresc.
나 를 미 워 하 는 자 의 죄 를
der da heim - sucht der Vä - ter Mis - se - that
And He vis - - - it - eth all the fat - thers' sins
p
cresc.
나 를 미 워 하 는 자 의 죄 를
der da heim - sucht der Vä - ter Mis - se - that
And He vis - - - it - eth all the fa - thers' sins
74
p
cresc.

80
cresc.
sf
아 비 로 부 터 아 들 삼 사 대 까 지
an den Kin - dern, bis in's drit - te und vier - te Glied
on the chil - dren to the third and the fourth gene - ra - - -
86
dim.
C
물 려 받 게 되 나
de - rer die mich has - - - - sen.
tion of them that hate Him.
p
Ped.

90
p
cresc.
f
나 의 계 명 지 키 고
Und thu - - e Barm - her - zig - keit
His mer - cies on thou - sands fall,
90
cresc.
f
trem.
94
p
cresc.
f
날 사 랑 하 는 자
an vie - - len Tau - - - sen - den,
His mer - cies on thou - - - sands fall,
날 사 랑 하 는 자
an vie - len Tau - sen - den,
His mer - cies on thou - sands fall,
94
p
cresc.
f

98
p
cresc.
수 천 대 까 지 은
die mich lieb ha - ben und
fall on all them that love
p
수 천 대 까 지 은
die mich lieb ha - ben und
fall on all them that love
98
p
cresc.
102
f
혜 베 풀 어 주 리
mei - ne Ge - bo - - - - - - te hal - - - - - -
Him and keep His com - mand - - - - - -
f
혜 베 풀 어 주 리
mei - ne Ge - bo - - - - - - te hal - - - - - -
Him and keep His com - mand - - - - - -
102
f

106
D
f
라 나 의 계
ten, Barm - her - - - - - - zig -
ments. His mer - - - - - - -
나 의 계 명 지
und thu - e Barm - her - - - - -
His mer - cies on thou - - - - -
라 나 의 계 명 나 의
ten, Barm - her - - - - - - zig keit, Barm - her -
ments. His mer - - - - - - - cies on thou -
나 의 계 명 지 키
und thu - e Barm - her - - - zig -
His mer - cies on thou - - - sands
sf
cresc.
110
명 나 의 계 명 지 키 고
keit, Barm - her - - - - - - - zig - keit an vie - len,
cies on thou - - - - - - - sands fall, on thou - sands
키 고 또 나 를 사 랑
- - - - - zig - keit, Barm - her - - - zig - keit an
- - - - - sands fall, His mer - cies on thou - sands
계 명 지 키 고 날 사 랑
- - - - - zig - keit, an vie - len, an vie - - - len,
- - - - - sands fall, His mer - cies on thou - - - sands
고 또 나 를 사 랑
keit, Barm - her - - - - - - zig - keit an
fall, His mer - - - - - cies on thou - sands

114
dim.
사 랑 하 는 자
vie - len Tau - - - - sen - den,
fall, on thou - - - sands fall,
sf
cresc.
사 랑 하 는 자 나 의 계
vie - len Tau - - - - sen - den, Barm - her - - - - - - zig -
fall, on thou - - - sands fall, His mer - - - - - - - -
dim.
cresc.
사 랑 하 는 자 나 의 계 명
vie - len Tau - - sen - - - den, und thu - e Barm -
fall, on thou - sands fall, His mer - cies on
sf
사 랑 하 는 자 나 의
vie - len Tau - - sen - - - den, Barm - her -
fall, on thou - sands fall, on thou -
sf
dim.
p
sf
118
cresc.
f
나 의 계 명 지 키
Barm - ber - - - - - - zig - keit, Barm - her - -
His mer - - - - - - - cies on thou -
f
명 나 의 계 명 잘 지 키
keit, Barm - her - - - - - - - zig - keit, Barm - her - - - - zig -
cies on thou - - - - - - sands fall, on thou - - - sands
f
지 키 고 날 사 랑 하 는 자
her - zig - - - keit an vie - - - len Tau - sen - den,
thou - sands fall, His mer - cies on thou - sands fall,
f
계 명 지 키 고 잘 지
- - - - - zig - keit, und thu - - - - e Barm - her - -
- - - - - sands fall, His mer - - - - cies on thou -
cresc.
f

122
dim.
는 자 날 사 랑 하 는
- - - - - zig - keit an vie - len Tau - - - - sen -
- - - - - sands fall, His mer - cies on thou - - - - sands
고 또 나 를 사 랑 하 는
keit an vie - len, vie - len Tau - - - - sen -
fall, on thou - sands fall, on thou - - - - sands
dim.
또 나 를 사 랑 하 는
an vie - - - - - - len, vie - len Tau - sen -
on thou - - - - - sands fall, on thou - sands
키 고 날 사 랑 하 는
- - zig - keit an vie - len Tau - sen -
- - sands fall, His mer - cies on thou - sands
dim.
126
p
cresc.
자 큰 은 혜
den, Barm - her - - - - zig -
fall, on thou - - - - sands
p
자 수 천 대 까 지 은 혜
den, an vie - len, vie - len Tau - - - - sen -
fall, His mer - - - - - cies on thou - - - - sands
p
cresc.
자 수 천 대 은 혜
den, an vie - len Tau - - - - sen -
fall, His mer - - - - - cies on
p
자 큰 은 혜
den, Barm - her - - - - zig -
fall, on thou - - - - sands
p
cresc.

130
f
를 베 풀 어 주 리 은 혜
keit an vie - len vie - len Tau - - - sen -
fall, on thou - sands fall, on thou - - - sands
를 주 리 라 은 혜
den, an vie - len Tau - - - sen
fall, His mer - cies thou - - - sands
를 주 리 라 은 혜
den, an vie - len Tau - - - sen -
thou - - - - - - - - sands fall, on thou - - - sands
를 베 풀 어 주 리
keit an vie - len Tau - - - - - sen - - - - -
fall, on thou - - - - - - - - - - sands
134
dim.
p
를 베 풀 어 주 리 라
den, an vie - len Tau - sen - den.
fall, His mer - cies on thou - sands fall.
를 베 풀 어 주 리 라
den, an vie - len Tau - sen - den.
fall, His mer - cies on thou - sands fall.
라
den,
fall,
ff
dim.

6. 엘리야! 너는 여기를 떠나라

6. Elias! Gehe weg von hinnen

서창(알토−Ein Engel)

왕상 17:2-5

천사 (Alt)
엘 리 야 너 는 여 길 떠 나 저
E - li - as! ge - he weg von hin - nen und
E - li - jah, get thee hence, E - li - jah, de -
p
3
동 쪽 의 요 단 강 그 릿 시 내 가 에 숨 고
wen - de dich gen Mor - gen, und ver - birg dich am Ba che Crith!
part and turn thee east - ward, Thith - er hide thee by Che-rith's brook.
5
그 냇 물 을 마 시 라 내 가 까 마 귀 를 명 하 여 너 를
Du sollst vom Ba - che trink - en und die Ra - ben wer den dir Brod brin - gen des
There shalt thou drink its wa - ters, And the Lord, thy God, hath com - mand - ed the
7 Tempo Andante
Recit.
먹 이 게 하 리 라 하 나 님 말 씀 이 라
Mor - gens und des A - bends, nach dem Wort dei - nes Got - tes.
ra - vens to feed thee there; So do ac-cord-ing un to his word.
attacca No.7

7. 주 하나님의 천사들 너를 따르고

7. Denn er hat seinen Engeln befohlen über dir

(복사중창)

Allegro non troppo (♩ = 126)
천사들 (Die Engel)
Sopran I Solo
Sopran II Solo
Alt I Solo
Alt II Solo
Tenor I Solo
Tenor II Solo
Bass I Solo
Bass II Solo
주 하 나 님 의 천 사 들
Denn er hat sei - nen En - geln be -
For He shall give his an - - - gels
Allegro non troppo (♩ = 126)

5
S.I
너 를 따 르 고
foh - len ü - ber dir,
char - ge o - ver thee,
S.II
너 를 따 르 고
foh - len ü - ber dir,
char - ge o - ver thee,
A.I
너 를 따 르 고
foh - len ü - ber dir,
char - ge o - ver thee,
A.II
너 를 따 르 고
foh - len ü - ber dir,
char - ge o - ver thee,
T.I
너 의 가 는 길 을 다 지 켜 주 시
Dass sie dich be - hü - ten auf al - len dei - nen
That they shall pro - tect thee in all the ways thou
T.II
너 의 가 는 길 을 다 지 켜 주 시
Dass sie dich be - hü - ten auf al - len dei - nen
That they shall pro - tect thee in all the ways thou
B.I
너 의 가 는 길 을 다 지 켜 주 시
Dass sie dich be - hü - ten auf al - len dei - nen
That they shall pro - tect thee in all the ways thou
B.II
너 의 가 는 길 을 다 지 켜 주 시
Dass sie dich be - hü - ten auf al - len dei - nen
That they shall pro - tect thee in all the ways thou
5

10
S.I
S.II
A.I
A.II
T.I
T.II
B.I
B.II
주 하 나 님 의 천 사 들 너 를 지 키 고
denn er hat sei - nen En - geln be - foh - len ü - ber dir,
For He shall give his an - gels char - ge o - ver thee,
리 라 너
We - - - - - gen. Dass
go - - - - - est, That
cresc.
10

15
cresc.
A
S.I
너 의 가 는 길 을 다 지 켜 주 시
dass sie dich be - hü - ten auf al - len dei - nen
That they shall pro - tect thee in all the ways thou
S.II
너 의 가 는 길 을 다 지 켜 주 시
dass sie dich be - hü - ten auf al - len dei - nen
That they shall pro - tect thee in all the ways thou
A.I
너 의 가 는 길 을 다 지 켜 주 시
dass sie dich be - hü - ten auf al - len dei - nen
That they shall pro - tect thee in all the ways thou
A.II
너 의 가 는 길 을 다 지 켜 주 시
dass sie dich be - hü - ten auf al - len dei - nen
That they shall pro - tect thee in all the ways thou
T.I
의 가 는 길 을 네 길 을 지 켜 주 시
sie dich be - hü - ten be - hü - ten auf al - len dei - nen
they shall pro - tect thee, pro - tect thee in all the ways in
T.II
의 가 는 길 을 네 길 을 지 켜 주 시
sie dich be - hü - ten auf al - - len, al - len dei - nen
they shall pro - tect thee, in all in all the ways in
B.I
의 가 는 길 을 가 는 길 을 다 지 켜 주 시
sie dich be - hü - ten dich be - hü - ten auf al - len dei - nen
they shall pro - tect thee, shall pro - tect thee in all the ways in
B.II
의 가 는 길 을 가 는 길 을 다 지 켜 주 시
sie dich be - hü - ten dich be - hü - ten auf al - len dei - nen
they shall pro - tect thee, shall pro - tect thee in all the ways in
15
A

20
S.I
리 라 다 지 켜 주 시 리 라
We - gen, auf al - len dei - nen We - - - gen.
go - est, in all the ways thou go - - - est.
S.II
리 라 다 지 켜 주 시 리 라
We - gen, auf al - len dei - nen We - - - gen.
go - est, in all the ways thou go - - - est.
A.I
리 라 다 지 켜 주 시 리 라
We - gen, auf al - len dei - nen We - - - gen.
go - est, in all the ways thou go - - - est.
A.II
리 라 다 지 켜 주 시 리 라
We - gen, auf al - len dei - nen We - - - gen.
go - est, in all the ways thou go - - - est.
T.I
리 라 다 지 키 시 리 주 하 나 님 의
We - - - gen, dei - - nen We - gen, denn er hat sei - nen
all the ways thou go - est. For He shall give his
T.II
리 라 다 지 키 시 리 주 하 나 님 의
We - gen, auf dei - - nen We - gen, denn er hat sei - nen
all the ways thou go - est. For He shall give his
B.I
리 라 지 키 시 리 주 하 나 님 의
We - gen, dei - - nen We - gen, denn er hat sei - nen
all the ways thou go - est. For He shall give his
B.II
리 라 지 키 시 리 주 하 나 님 의
We - gen, dei - - nen We - - - - gen, denn er hat sei - nen
all the ways thou go - - - - est. For He shall give his
20
p
sf

25
S.I
cresc.
너 의 가 는 길 인 도 하 며
dass sie dich auf den Hän - den tra - gen,
That their hands shall up - hold and guide thee,
S.II
cresc.
너 의 가 는 길 인 도 하 며
dass sie dich auf den Hän - den tra - gen,
That their hands shall up - hold and guide thee,
A.I
cresc.
너 의 가 는 길 인 도 하 며
dass sie dich auf den Hän - den tra - gen,
That their hands shall up - hold and guide thee,
A.II
cresc.
너 의 가 는 길 인 도 하 며
dass sie dich auf den Hän - den tra - gen,
That their hands shall up - hold and guide thee,
T.I
cresc.
천 사 가 너 를 지 키 고 너 의
En - geln be - foh - len ü - ber dir, dass sie
an - gels char - ge o - ver thee, That their
T.II
cresc.
천 사 가 너 를 지 키 고 너 의
En - geln be - foh - len ü - ber dir, dass sie
an - gels char - ge o - ver thee, That their
B.I
cresc.
천 사 가 너 를 지 키 고 너 의
En - geln be - foh - len ü - ber dir, dass sie
an - gels char - ge o - ver thee, That their
B.II
cresc.
천 사 가 너 를 지 키 고 너 의
En - geln be - foh - len ü - ber dir, dass sie
an - gels char - ge o - ver thee, That their
25

30
B
S.I
S.II
A.I
A.II
T.I
T.II
B.I
B.II
f
너 의 가 는 길 인 도 하 며
dass sie dich auf den Hän - den tra - gen,
That their hands shall up-hold and guide thee,
가 는 길 인 도 하 며 너 를 인 도 하 며
dich auf den Hän - den tra - gen, auf den Hän - den tra - gen,
hands shall up-hold and guide thee, shall up-hold and guide thee,
cresc.

34
S.I
S.II
A.I
A.II
T.I
T.II
B.I
B.II
p
cresc.
sf
dim.
— 너 의 발 이 다 치 지 않 게 하 리 로
— und du dei-nen Fuss nicht an ei - - - nen Stein sto -
lest thou dash thy foot a-gainst a stone, they shall up -
너 의 발 이 다 치 지 않 게
und du dei-nen fuss nicht an ei - - - nen
lest thou dash thy foot a - gainst a stone, they
너 의 발 이 다 치 지 않 게 하
und du dei-nen Fuss nicht, nicht an ei-nen
lest thou dash thy foot, dash, dash thy foot, they
너 의 발 이 다 치 지 않 게 하
und du dei-nen Fuss night an ei-nen
lest thou dash thy foot a - gainst a stone, they
너 의 발 이 다 치 지 않 게 하
und du dei - - - - - nen Fuss nicht an ei - nen
lest thou dash thy foot a-gainst a stone, they
너 의 발 이 다 치 지 않 게 하
und du dei - - - nen Fuss nicht an ei - nen
lest thou dash thy foot a - gainst a
너 의 발 이 다 치 지
und du dei - - - nen Fuss nicht an
lest thou dash thy foot a -
너 의 발 이 다 치 지 않 게
und du dei-nen Fuss nicht an ei - - - nen
lest thou dash thy foot a - gainst a

39
S.I
— 다 주 하 나 님 의 천 사 가 너 를 지 키
- - ssest, Denn er hat sei - nen En - geln be - foh - len ü - ber
hold thee, For He shall give his an - - gels char-ge o - ver
S.II
하 리 로 다 주 하 나 님 의 천 사 가 너 를 지 키
Stein sto - - - ssest, Denn er hat sei - nen En - geln be - foh - len ü - ber
shall up - hold thee, For He shall give his an - - gels char-ge o - ver
A.I
리 로 다 주 하 나 님 의 천 사 가 너 를 지 키
Stein sto - - - ssest, denn er hat sei - nen En - geln be - foh - len ü - ber
shall up - hold thee, For He shall give his an - - gels char-ge o - ver
A.II
리 로 다 주 하 나 님 의 천 사 가 너 를 지 키
Stein sto - - - ssest, denn er hat sei - nen En - geln be - foh - len ü - ber
shall up - hold thee, For He shall give his an - - gels char-ge o - ver
T.I
리 로
Stein sto - - - - - - - - - - -
shall up - hold, shall up - hold, up - hold
T.II
리 로
Stein sto - - -
stone, they shall up - hold, up - hold
B.I
않 — 게 하 리 로
ei - nen Stein sto - - - - - - -
gainst a stone, they shall up - hold
B.II
하 리 라
Stein sto - - - - - - - - - - ssest.
stone, they shall up - - - - - hold
39
cresc.
p

44
S.I
p
cresc.
고 너 의 가 는 길 지 키
dir, dass sie dich auf den Hän - den
thee; That their hands shall up-hold and
S.II
p
cresc.
고 너 의 가 는 길 지 키 리 라 가 는 길 지 키
dir, dass sie dich auf den Hän - den tra - gen, dich auf den Hän - den
thee; That their hands shall up-hold and guide thee, They shall up-hold and
A.I
p
cresc.
고 너 의 가 는 길 지 키 리 라 가 는 길 지 키
dir, dass sie dich auf den Hän - den tra - gen, dich auf den Hän - den
thee; That their hands shall up-hold and guide thee, They shall up-hold and
A.II
p
cresc.
고 너 의 가 는 길 지 키 리 라
dir, Dass sie dich auf den Hän - den tra - - gen,
thee; That their hands shall up-hold and guide thee,
T.I
p
다 너 의 가 는 길 지 키 리 라
ssest. dass sie dich auf den Hän - den tra - - - - - gen,
thee. That their hands shall up-hold and guide thee,
T.II
cresc.
다 가 는
ssest. Dass sie
thee. That their
B.I
p
cresc.
다 너 의 가 는 길 지 키 리 라 가 는 길 지 키
ssest. dass sie dich auf den Hän - den tra - gen, dich auf den Hän - den
thee. That their hands shall up-hold and guide thee, They shall up-hold and
B.II
p
너 의 가 는 길 지 키
Dass sie dich auf den Hän - den
thee. That their hands shall up-hold and
44
p
cresc.

48
C
S.I
리 라 가 는 길 지 키 리
tra - - - gen, dich auf den Hän - den tra - - -
guide thee, They shall up - hold and guide
S.II
리 라 가 는 길 지 키 리
tra - - - gen, dich auf den Hän - den tra - - -
guide thee, They shall up - hold and guide
A.I
리 라 가 는 길 지 키 리
tra - - - gen, dich auf den Hän - den tra - - -
guide thee, They shall up - hold and guide
A.II
길 지 키 리 라 가 는 길 지 키 리 라
dich auf den Hän - den, dich auf den Hän - den tra - gen,
They shall up-hold and guide thee, up - hold and guide thee,
T.I
가 는 가 는 길 지 키 리 라
dass sie dich auf den Hän - den tra - gen,
That their hands shall up - hold and guide thee,
T.II
길 지 키 리 라 가 는 길 지 키 리
dich auf den Hän - den, dich auf den Hän - den tra - - -
hands shall up-hold and guide thee, up - hold and guide
B.I
리 라 가 는 길 지 키 리
tra - - - gen, dich auf den Hän - den tra - - -
guide thee, They shall up - hold and guide
B.II
리 라 가 는 길 지 키 리
tra - - - gen, dich auf den Hän - den tra - - -
guide thee, They shall up - hold and guide
48
C
f
dim.
p

52
S.I
p
cresc.
라 너 의 가 는 길 을 다
gen, dass sie dich be - hü - - - - - ten auf
thee, That they shall pro - tect thee in
S.II
cresc.
라 너 의 가 는 길 을 다
gen, dass sie dich be - hü - - ten auf
thee, That they shall pro - tect in
A.I
p
cresc.
라 너 의 가 는 길 을 다
gen, dass sie dich be - hü - ten auf
thee, That they shall pro - tect thee in
A.II
cresc.
너 의 가 는 길 을 다
dass sie dich be - hü - - - - - ten auf
That they shall pro - tect thee in
T.I
p
cresc.
너 의 가 는 길 을 다 지 켜 주 시
dass sie dich be - hü - - - - - ten auf al - len dei - nen
That they shall pro - tect thee in all the ways thou
T.II
cresc.
라 너 의 가 는 길 을 다 지 켜 주 시
gen, dass sie dich be - hü - ten auf al - len dei - nen
thee, That they shall pro - tect thee in all the ways thou
B.I
p
cresc.
라 너 의 가 는 길 을 다 지 켜 주 시
gen, dass sie dich be - hü - - - - - ten auf al - len dei - nen
thee, That they shall pro - tect thee in all the ways thou
B.II
cresc.
라 너 의 가 는 길 을 다 지 켜 주 시
gen, dass sie dich be - hü - - - - - ten auf al - len dei - nen
thee, Thay they shall pro - tect thee in all the ways thou
52

56
S.I
f
지 켜 주 시 리 라 너 의 길 을
al - len dei - nen We - gen, dich be - hü - - - - ten; dass
all the ways thou go - est, they shall pro - tect thee; they,
S.II
f
지 켜 주 시 리 라 너 의 길 을
al - len dei - nen We - - - - gen, dich be - hü - - - - ten;
all the ways thou go - - - - est, shall pro - tect thee;
A.I
f
지 켜 주 시 리 라 너 의 길 을
al - len dei - nen We - - - - gen, dich be - hü - - - - ten;
all the ways thou go - - - - est, shall pro - tect thee;
A.II
f
지 켜 주 시 리 라 너 의 길 을
al - len dei - nen We - gen, dich be - hü - - - - ten;
all the ways thou go - est, shall pro - tect thee;
T.I
f
리 라 주 님 이 네 길 을
We - gen, dass sie dich be - hü - - - - ten;
go - est, they, they shall pro - tect thee;
T.II
f
리 라 주 네 길 을
We - gen, dich be - hü - - - - ten;
go - est, they shall pro - tect thee;
B.I
f
리 라 주 네 길 을
We - gen, dich be - hü - - - - ten;
go - est, they shall pro - tect thee;
B.II
f
리 라 주 네 길 을
We - gen, dich be - hü - - - - ten;
go - est, they shall pro - tect thee;
56
cresc.
p
cresc.

61
S.I
S.II
A.I
A.II
T.I
T.II
B.I
B.II
— 네 가 는 길 을 지 — 켜 주 리 — 라 — 너 —
— sie, dass sie dich be - hü - ten auf al - len, — al - - -
— they shall, they shall pro - tect — thee in all — the — ways —
가 는 길 을 지 — 켜 주 리 라 너 —
dass sie dich be - hü - ten auf — al - - -
that they shall pro - tect — thee in all —
너 — 의 가 는 길 을 — 너 희 —
dass — sie dich be - hü - ten — auf al -
they, — they shall pro - tect thee — in all —
너 의 가 는 길 너 의
dass sie dich be - hü - ten auf
that they shall pro - tect thee in
너 의 가 는 길 — 을 또
dass sie dich be - hü - - - ten auf
that they shall pro - tect — thee in
너 의 가 는 길
dass sie dich be - hü - - -
that they shall pro - tect thee in
너 의 가 는 길 — 을 — 또
dass sie dich be - hü - ten — auf
that they shall pro - tect — thee — in
너 — 의 가 는 — 길
dich — be - hü - ten — auf
they — shall pro - tect thee — in
61
dim.
p

66
dim.
p
S.I
— 의 가 는 길 을
- - len dei - nen We - - - gen,
— the ways thou go - - - est;
S.II
— 의 가 는 길 을
- - len dei - nen We - - - gen,
— the ways thou go - - - est;
A.I
— 의 가 는 길 을
- - len dei - nen We - - - gen,
— the ways thou go - - - est;
A.II
너 의 가 는 길 을
al - len dei - nen We - - - gen,
all the ways thou go - - - est;
T.I
너 의 가 는 길 을 지 켜 주 리
al - len dei - nen We - - - gen, dich be - hü - - - -
all the ways thou go - - - est; shall pro - tect
T.II
너 의 가 는 길 을
ten auf dei - nen We - - - gen,
all the ways thou go - - - est;
B.I
너 의 가 는 길 을
al - len dei - nen We - - - gen,
all the ways thou go - - - est;
B.II
너 의 가 는 길 을
al - len dei - nen We - - - gen,
all the ways thou go - - - est;
66
p

71
S.I
네 가 는 길 을 지 켜 주 리 라 지 켜 주
auf dei - nen We - - - gen, dich be - hü - - - - ten, auf dei - nen
They shall pro - tect thee, shall pro - tect thee, They shall pro -
S.II
네 가 는 길 을 지 켜 주
auf dei - nen We - - - gen, auf dei - nen
They shall pro - tect thee, They shall pro -
A.I
네 가 는 길 을 지 켜 주
auf dei - nen We - - - gen, auf dei - nen
They shall pro - tect thee, They shall pro -
A.II
네 가 는 길 을 지 켜 주
auf dei - nen We - - - gen, auf dei - nen
They shall pro - tect thee, They shall pro -
T.I
라 네 가 는 길 지 켜 주 리 지 켜 주
ten auf dei - nen We - - - gen, be - hü - ten auf dei - nen
thee, They shall pro - tect thee, pro - tect thee, They shall pro -
T.II
네 가 는 길 을 지 켜 주
auf dei - nen We - - - gen, auf dei - nen
Thay shall pro - tect thee, They shall pro -
B.I
네 가 는 길 을 지 켜 주
auf dei - nen We - - - gen, auf dei - nen
They shall pro - tect thee, They shall pro -
B.II
네 가 는 길 을 지 켜 주
auf dei - nen We - - - gen, auf dei - nen
They shall pro - tect thee, They shall pro -
71

76
S.I
리 라
We - - - gen.
tect thee.
S.II
리 라
We - - - gen.
tect thee.
A.I
리 라
We - - - gen.
tect thee.
A.II
리 라
We - - - gen.
tect thee.
T.I
리 라
We - - - gen.
tect thee.
T.II
리 라
We - - - gen.
tect thee.
B.I
리 라
We - - - gen.
tect thee.
B.II
리 라
We - - - gen.
tect thee.
76
pp
f

시냇물이 말랐도다

Nun auch der Bach vertrocknet ist

서창(알토 – Ein Engel)

왕상 17:7-9

천사 (Alt)
Recit.
시 냇 물 이 말 랐 도 다 엘리야 너 일어나
Nun auch der Bach ver-tro-cknet ist, E-li-as! ma-che dich auf,
Now Che-rith's brook is dri-ed up, E-li-jah, Arise and de-part, and
f
4
시 돈 의 사르 밧 으 로 내 려 가 거 기 에 머 물 라 그 곳
ge-he gen Zar-path und blei-be da-selbst! Denn der Herr hat das-elbst ein-er
get thee to Zare-path, thi-ther a-bide: For the Lord hath com-man-ded
p
6
A tempo andante
의 과 부 에 게 명 령 하 였 는 데 너 에 게 먹 을 것 을 준 비 했 고 기 름
Witt-we ge-bo-ten, dass sie dich ver-sor-ge. Das Mehl im Cad soll nicht ver-zeh-ret wer-den, und dem
a wi-dow wo-man there to sus-tain thee, And the barrel of meal shall not waste, shall the
p
10
Recit.
a tempo
도 넉 넉 할 것 이라 하 나 님 이 비 내 릴 그 날 까 지 넉 넉 하 리
Oel-kru-ge soll nichts man-geln bis auf den Tag, da der Herr reg-nen las-sen wird auf Er-den.
cruse of oil fail, un-til the day that the Lord sendeth rain up-on the earth.
cresc.
p a tempo

8. 어찌 내게 이런 일이 있소?

8. Was hast du an mir gethan?

서창(소프라노－Die Witwe), 영창(베이스－Elias)과 이중창

왕상 17:18

Andante agitato (♩. = 66)
cresc.
과부 (Sopran)
Recit.
하 나 님 의 사 람 이 여 어 찌 하 여 나 에 게
Was hast du an mir ge-than, du Mann Got-tes? Du bist zu
What have I to do with thee, O man of God? Art thou come to
이 런 일 이 있 소 내 죄 를 밝 히 고 내 아 들 을 죽 이 려 고
mir her-ein ge-kom-men, dass mei-ner Mis-se-that ge-dacht und mein Sohn ge-tö-dtet
me, to call my sin un-to re-mem-bran-ce? to slay my son art thou come
cresc.

12
a tempo
왔 소 나 의— 주 하 나 님 내 아 들 이
wer - de! Hilf mir, — du Mann Got - tes! mein Sohn ist krank,
hith - er? Help me, — man of God, — my son is sick!
p a tempo
sf
p
16
cresc.
f
병 들 어 죽 게 되 었 소 이 제 호 흡
und sei - ne Krank - heit ist so hart, dass kein O - dem
And his sick - ness is so sore that there is no
cresc.
20
이 — 멎 었 소 이 제 아 이는 더 이 상 숨
mehr — in ihm blieb, kein — O - dem, kein O - - - dem
breath left — in him, no — breath — left, no breath, — no
f
p
sf
p
24
을 — 못 쉬 오 이 슬 픔 을 못 이
mehr — in ihm blieb. Ich ne - tze mit mei - nen
breath left — in him! I go mour - ning all the
sf
p
sf
cresc.

28
A
겨 서 눈 물로지 새 웠 소 이 슬 픔 을 못 이
Thrä - nen mein La - ger die gan - ze Nacht, ich net - ze mit mei - nen
day long, I lie down and weep at night, I go mour-ning all the
p
cresc.
32
cresc.
겨 서 눈 물로지 새 웠 소 내 사 정 아 오
Thrä - nen mein La - ger die gan - ze Nacht. du schaust das E - lend,
day long, I lie down and weep at night. See mine af - flic - tion,
sf
p
cresc.
36
f
dim.
내 사 정 아 오 하 나 님의 사 람 이
du schaust das E - lend. sei du der Ar - men Hel - - -
see mine af - flic - tion! Be thou the or - phan's help - -
f
p
41
cresc.
sf
여 하 나 님 의사 람 이 여 이
fer, sei du, du der Ar - men Hel - - fer! Ich
er, be thou, be thou the or - phan's help - - er! I
cresc.
sf
p

46
B
슬 픔 을 못 이 겨 서 눈 물 로 지 새 웠 소
ne - tze mit mei - nen Thrä - nen mein La - ger die gan - ze Nacht.
go mour-ning all the day long, I lie down and weep at night.
p
sf
sf
50
cresc.
sf
내 사 정 아 오 엘 리 야 선 지 자 여
du schaust das E - - - lend, sei du der Ar - men Hel - fer!
See mine af - flic - - - tion, be thou the or - phan's help - er!
cresc.
sf
p
sf
p
54
나 의 사 정 아 오 하 나 님 의 사 람 이
du schaust das E - lend, sei du der Ar - men Hel - - -
See mine af - flic - tion, be thou the or - phan's help - -
cresc.
dim.
p
58
여 도 우 소 서
fer! Hilf mei-nen Sohn!
er! Help my son!
sf
sf
dim.

62
rit.
Recit.
엘리야 (Bass)
이 제 는 숨 이 멎 었 소 아 이 를 주 시
Es ist kein O - dem mehr in ihm! Gieb mir her dei - nen
There is no breath left in him! Give me thy
pp rit.
66
Andante sostenuto (♩ = 58)
오 오 나 의 하 나 님 이 여
Sohn! Herr, mein Gott, ver - nimm mein Fleh'n!
son! Turn un - to her, O Lord, my God,
p f p cresc.
69
cresc.
이 여 인 을 불 쌍 히 여 겨 자 비 를 내 려 주 소
wen - de dich, Herr, und sei ihr gnä - dig! und hilf dem Soh - ne dei - ner
Turn un - to her! O turn in mer - cy, in mer - cy help this wi - dow's
dim. p pp cresc.
72
p cresc. sf
서 여 인 의 아 들 생 명 을 주 여 불 쌍 한 이 생 명
Magd! und hilf dem Soh - ne dei - ner Magd, Herr! und hilf dem Soh - ne dei - ner
son! In mer - cy help this wi - dow's son, Lord, in mer - cy help this wi - dow's
pp cresc. p

75
C
을 불 쌍 히 여 겨 불 쌍 히 여 기 어 주 의 크 신 사 랑 과
Magd, Denn du bist gna-dig, barm-her-zig, ge-dul-dig, und von gro-sser Gü-te und
son! For thou art gra-cious, and full of com-pas-sion, and plen-teous in mer-cy and
79
cresc.
자 비 나 타 내 소 서 불 쌍 히 여 기 어 주 의
Treu-e; denn du bist gnä-dig, barm-her-zig, ge-dul-dig und von
truth, for Thou art gra-cious and full of com-pas-sion, and
82
Andante con moto (♩. = 63)
자 비 나 타 내 소 서 오 나 의 하 나 님
gro-sser Gü-te und Treu-e! Herr, mein Gott, las-se die
plenteous in truth and in mer-cy. Lord, my God, let the
86
cresc.
이 아 이 의 영 혼 소 생 시 켜 주 소 서
See-le die-ses Kin-des wie-der zu ihm kom-men.
spir-it of this child re-turn, that he a-gain may live!
dim.

91
과부 (Sopran)
진 정 이 아이가살 수 있나 이 까
Wirst du denn un-ter den Tod - - - - - - ten Wun - der thun?
Wilt thou shew won - ders, won - - - - - ders to the dead?
sf
dim.
pp
95
아 이 의 숨 은 멎 었 소
Es ist kein O - - - - - - - dem mehr in ihm!
There is no breath, no breath in him.
sf
cresc.
f
pp
99
엘리야 (Bass)
cresc.
오 나 의 하 나 님 이 아 이 의 영 혼
Herr, mein Gott, las - se die See - le die - ses Kin - des
Lord, my God, let the spir - it of this child re -
p
cresc.
103
f
Recit.
과부 (Sopran)
소 생 시 키 소 서 이 아 이 의 영 혼
wie - der zu ihm kom - - - men! Wer - den die Gest - orb' - nen
turn, that he a - gain may live! Shall the dead a - rise, the

107
D
Recit.
ff 엘리야 (Bass)
살 려— 주 옵 소 서
auf - steh'n und dir dan - ken?
dead a - rise and praise thee?
하 나 님
Herr mein Gott!
Lord, my God!
아 이 의 죽 은 생 명
las - se die See - le die - ses
O let the spir - it of this
ff
ff
111
a tempo
다 시 살 려 주 옵 소 서
Kin - des wie - der zu ihm kom - men!
child return, that he a - gain may live!
ff
p
a tempo
cresc.
115
과부 (Sopran)
f
하 나 님 들 어 주 셨 다
Der Herr er - hört dei - ne Stim - me,
The Lord hath heard thy pray - er,
이 아 이 가 살 아 났
die See - le des Kin - des kommt
The soul of my son re -
f
pp
cresc.
119
sf
도 다 살 아 났 도 다
wie - der! Es wird le - ben - - - - dig!
vi - veth, my son re - vi - - - - veth,
sf
sf
f

123
Recit.
ff
살 아 났 도 다
es wird le-ben - - - dig!
My son re-vi - - - veth!
엘 리 야 (Bass)
아 이 가 살 았 도 다
Sie - he da, dein Sohn le - bet!
Now be-hold, thy son liv - eth!
ff
p
127
과 부 (Sopran)
A tempo andante (♩ = 76)
cresc.
내 가 이 제 야 당 신 은 하 나 님 의 사 람 이 요 당 신 입 을
Nun er-ken-ne ich, dass du ein Mann Got-tes bist, und des Her-rn Wort in dei-nem
Now by this I know that thou art a man of God, and that His word in thy
A tempo andante (♩ = 76)
p a tempo
cresc.
130
f
p
통 해 진 실 을 말 씀 하 신 것 을 알 겠 나 이 다 이
Mun - de ist Wahr - heit! Wie soll ich dem Herrn ver - gel-ten al - le sei-ne
mouth is the truth. What shall I ren-der to the Lord, ren - der for
f
p

134
은 혜 어 찌하 리 까
Wohl - that, die er an mir thut?
all his be - ne-fits to me?
엘리야 (Bass)
f
주 하 나 님 사 랑 하
Du sollst den Herrn dei - nen Gott,
Thou shalt love the Lord, thy God,
p
sf
137
과부 (Sopran)
f
sf
온 마 음 다 해 온
Von gan - zem See - le, von
With all my soul, and with
sf
p
라 온 맘 과 정 성 다 해 온 마 음 다 해 온
lieb ha - ben von gan - zem Her - zen, von gan - zem See - le, von
Love him with all thine heart, and with all thy soul, and with
sf
p
cresc.
140
sf
p
정 성 다 하 여 주 를 경 외 할 지
al - lem Ver - mö - gen, wohl dem, der den Herrn fürch
all my might. O bless - ed are they who fear
sf
p
정 성 다 하 여 주 를 경 외 할 경 외 할 지
al - lem Ver - mö - gen, wohl dem, der den Herrn, den Herrn fürch
all thy might. O bless - ed are they, are thy who fear
f dim.
p

9. 주를 경외하는 자는 복이 있도다

9. Wohl dem, der den Herrn fürchtet

(합 창)

Allegro moderato (♩ = 96)
Sopran
Alt
Tenor
Bass
Solo
라
tet!
Him!
Tutti p
주 를
Wohl dem,
Bless - ed
legato
4
경 외 하 는 자 는 진 정 형 통 하 리
der den Herrn fürch - tet, und auf sei - nen We - gen
are the men who fear Him, they ev - er walk in the ways of

7
라
geht.
peace,
진 정
Wohl dem!
Bless - - - - ed,
p
cresc.
주 를 경 외 하 는 자 는 진 정
Wohl dem, der den Herrn fürch - tet, und auf
Bless - ed are the men who fear Him, they ev - er
7
cresc.
10
cresc.
형 통 하 리 로 다
auf sei - nen We - gen geht!
Bless - ed are the men,
p
cresc.
주 를 진 정 경 외
Wohl dem der den Herrn
Bless - ed are the men, the
cresc.
형 통 하 리 라
sei - nen We - gen geht!
walk in the ways of peace,
주 를 경 외
wohl dem, der den
Bless - ed are the
p Tutti
cresc.
주 를
wohl dem,
Bless - ed
10
cresc.

13
sf
p
주 를 경 외 하 는 자 는 진 정
wohl dem, der den Herrn fürch - tet, und auf
bless - ed are the men who fear Him, they ev - er
p
하 는 자 는 주 님 을 진 정 경 외
fürch - tet, wohl dem, der den Herrn fürch - tet, und auf
men who fear Him, the men who fear Him, they ev - er
p
하 는 자 하 나 님 경 외 하
Herrn der den Herrn fürch - tet, wohl
men who fear Him, they
p
경 외 하 는 자 는 경 외 하 는
der den Herrn, der den Herrn fürch - tet, und auf
are the men, are the men who fear Him, they ev - er
13
cresc.
p
16
cresc.
dim.
형 통 하 리 라 진 정 형 통 하
sei - nen We - gen geht, und auf sei - nen
walk in the ways of peace, in the ways of
하 는 자 들 은 형 통 하 리 로
sei - nen We - gen geht, auf sei - nen We - gen
walk in te ways of peace, in the ways of
cresc.
dim.
는 경 외 하 는 자 들 은 진
dem, der auf sei - nen We - gen geht, wohl
ev - er walk, ev - er walk in the ways of
자 는 그 길 이 형 통 하 리 로
sei - nen We - gen geht, auf sei - nen We - gen
walk in the ways of peace, in the ways of
16
cresc.

19
p cresc.
리 라 진 정 형 통 하 리
We - gen, der auf sei - nen We - gen
peace, they ev-er walk in the ways of
p
다 진 정 형 통 하 리 라 하
geht, der auf sei - nen We - gen geht, auf
peace, they ev-er walk in the ways of peace, they
p cresc.
정 형 통 하 리 로 다 주 를 주
dem, der auf sei - nen We - gen geht, der auf
peace, they ev-er walk in the ways of peace, they ev-er
p
다 진 정 형 통 하 리
geht, der auf sei - nen We - gen
peace, they ev-er walk in the ways of
p cresc.
22
dim. p
라 주 를 경 외 하 는 자 진 정
geht, der auf Got - tes We - gen geht, der auf
peace, ev - - er walk in the ways of peace, they ev-er
dim.
나 님 경 외 하 는 자
sei - - nen, sei - - - - - - nen We - gen geht,
ev - - - er walk in the ways of peace,
p
를 경 외 하 는 자 진 정 형
sei - - nen We - - - - - - gen geht, der auf Got -
walk in the ways of peace, they ev-er walk
dim.
라 주 를 경 외 하 는 자 다
geht, der auf Got - tes We - gen geht, auf
peace, in the ways of peace, they
p cresc.

25
A
cresc.
형 — 통 하 리 라
Got - tes We - gen geht.
walk in the ways of peace.
어 두 움
Den From - men
Through dark - ness
— 통 하 리 라
- - tes We - gen geht.
— in the ways of peace.
형 — 통 하 리 라
Got - tes We - gen geht.
walk in the ways of peace.
28
속 에 도 빛 되어주 신 주
geht das Licht auf in der Fin - ster - niss
ris - eth light, light to the up - - right,
어 두 움
Den From - men
Through dark - ness

31
cresc.
어 두 움
Den From - men
Through dark - ness
f
속 에 도 빛 되 어 주 신 주
geht das Licht auf in der Fin - ster - niss,
ris - eth light to the up - - right,
31
p
cresc.
34
cresc.
참 빛 이 되 어 주 신
den From - men geht das Licht, das
Through dark - ness ris - eth light,
f
속 에 도 빛 되 어 주 신 나 의
geht das Licht auf, das Licht, ih-nen geht das
ris - eth light, ris - eth light, to the up - - -
cresc.
어 두 움 속 에 도 빛 이 되 신
Den From - men geht das Licht, ih-nen geht das
Through dark - ness ris - eth light, to the up - right,
cresc.
빛 되 어 주 신
den From - men geht das
Through dark - ness ris - eth
34
cresc.

37
B
f
주 자 비 의 하 나 님 큰 은 혜 로 임
Licht auf von dem Gnä - di - gen, Barm - her - zi - gen, Barm -
light, He is gra - cious, com - pas - sio-nate, com -
f
주 자 비 의 하 나 님 큰 은 혜 로 임
Licht auf von dem Gnä - di - gen, Barm - her - zi - gen, Barm
light, He is gra - cious, com - pas - sio-nate, com -
37
B
ff
sempre legato
40
f
하 시 는 주 하 나 님 주 를
her - zi - gen und Ge - rech - ten. Wohl dem,
pas - sio-nate, He is right - eous. Bless - ed
f
하 나 님 주 를
Ge - rech - ten. Wohl dem,
is right - eous. Bless - ed
f
하 시 는 주 하 나 님 주 를 경 외
her - zi - gen und Ge - rech - ten. Wohl dem, der den
pas - sio-nate, He is right - eous. Bless - ed are the
sf
하 나 님
Ge - rech - ten,
is right - eous,
40
sf
sempre f
sf
sf

43
p
f
dim.
경 외 하 는 자 는 경 외 하 는
der den Herrn fürch - tet, der den Herrn
are the men who fear Him, bless - - - ed the men who
경 외 하 는 자 는 진 정
der den Herrn fürch - - - - tet, den Herrn
are the men who fear Him, are the men who
하 는 자 주 를 경 외 하 는
Herrn fürch - - - - tet, wohl dem, der den Herrn
men who fear Him, Bless - ed are the men who
그 어 둠 속 에 도 빛
den From - men geht das Licht. auf
Through dark - ness ris - eth light Bless - - -
46
cresc.
자 는 진 정 형 통 하 리 라 주 를
fürch - tet, und auf sei - nen We - gen geht, wohl dem,
fear Him, they ev - er walk in the ways of peace. Bless - ed
그 는 형 통 하 게 되 리 라 어 두 움
fürch - tet, und auf sei - nen We - gen geht, Den From - men
fear Him, They ev - er walk in the ways of peace. Through dark - ness
자 는 진 정 진 정 형 통 하 리
fürch - tet, wohl dem, der auf sei - nen We - gen
fear Him, They ev - - - - er walk in the ways of
으 로 임 하 시 는 사 랑 의
Wohl dem, der auf Got - tes, auf Got - - - tes
- - ed are the men who walk in the

49
C
경 외하 는 자 는 그 어 둠 속 에
der den Herrn fürch - tet. Den From - men geht das
are the men who fear Him. Through dark - ness ris - eth
속 에 도 빛 으로오 신 주 님
geht das Licht auf, ih - nen geht das Licht auf.
ris - eth light, through dark - ness ris - eth light.
라 어 두 움 밝 히 고 오 신
geht. Den From - men geht das Licht auf, das
place. Through dark - ness ris - eth light, ris - - - - eth
하 나 님 빛 으 로 오 신 주
We - - - gen geht. Den From - men geht das Licht
ways of peace. Through dark - ness ris - eth light.
52
도 빛 되어 주 신 주 주 를
Licht auf in der Fin - ster - niss. Wohl dem
light, light to the up - - - right Bless - ed
주 를 경 외하 는 자 는 주 를
Wohl dem, der den Herrn fürch - tet, wohl dem,
Bless - ed are the men who fear Him, Bless - ed
주 주 를 진 실 로 경 외
Licht, wohl dem, der den Herrn, der den
light. Bless - ed are the men who fear
dim.
하 나 님 진 정 경
auf. Wohl dem, der den Herrn
Bless - ed are the men who

55
p
경 외 하 는 자 축 복
der den Herrn Fürch - - - tet und auf
are the men who fear Him, they ev - - - er
p
— 경 외 하 는 자 축 복
— der ihn fürch - - - tet und auf
— are the men who fear Him, they ev - - - er
p
하 는 자 축 복
Herrn fürch - - - - - - - - tet und auf
Him, Bless - - - - - - - - ed, they ev - - - er
p
외 하 는 자 축 복
fürch - - - - tet, wohl dem, der auf
fear Him, they ev - - - er
p
58
p
있 으 리 로 다
sei - - - - - nen We - - - gen geht.
walk in the ways of peace.
p
p
있 으 리 로 다
sei - - - - - nen We - gen geht.
walk in the ways of peace.
p
있 으 리 로 다
sei - - - - - nen We - - gen geht.
walk in the ways of peace.
p

61
p
있 으
Wohl dem!
Bless - - ed!
p
축 복
Wohl dem!
Bless - - - ed!
61
64
pp
리 라
Wohl dem!
Bless - - - - ed!
pp
리 라
Wohl dem!
Bless - - - - ed!
64
pp

10. 살아계신 하나님 앞에 나는 섰노라

10. So wahr der Herr Zebaoth lebet

서창(베이스-Elias, 테너-Ahab) & 합창

왕상 18:1

Grave (♩ = 60)
엘 리 야 (Bass)
살 아 계 신 하 나 님 앞 에 나 는 섰
So wahr der Herr Ze - ba-oth le - bet, vor dem ich
As God the Lord Sa - ba-oth li - veth, be - fore
f
fp
sf
pp
5
Recit.
노 라 이 제 삼 년 이 지 나 아 합 왕 에 게 말 하 리 라
ste - he. Heu - te, im drit - ten Jah - re will ich mich dem Kö - ni - ge zei - gen
whom stand. three years this day ful - fil - led, I will shew my - self un - to A - hab;
9
a tempo
Recit.
이 땅 위 에 비 를 다 시 내 려 주 리 라
und der Herr wird wie - der reg - nen las - sen auf Er - den.
and the Lord will then send rain a - gain up on the earth.
p
14
Allegro vivace (♩ = 144)
cresc.

17
cresc.
f

왕상 18:17

20
Recit.
아합 (Ahab) Tenor Solo
너 엘 리
Bist du's, E -
Art thou E -
f
sf
sf
sf
23
야 여 어 찌 이 스 라 엘 괴 롭 히 느 냐
li - as, bist du's, bist — du's der I - sra - el ver-wirrt?
li - jah? art thou, Art thou he that trou - bleth Is - ra - el?
23
f
f

A a tempo
27
f 백성 (Das Volk)
너 엘 리 야 여 이스 라 엘
Du bist's, E - li - as, du bist's der
Thou art E - li - jah, Thou he that
f
너 엘 리 야 여 이스 라 엘
Du bist's, E - li - as, du bist's der
Thou art E - li - jah, Thou he that
27 A
f
30
Recit.
엘 리 야 (Bass)
그 것 은 내 가 아 니 라
Ich ver - wir - re I - sra - el nicht,
I never trou - bled Is - ra - el's peace:
괴 롭 히 느 냐
I - - - - sra - el ver - wirrt!
trou - - - - bleth Is - ra - el.
괴 롭 히 느 냐
I - - - - sra - el ver - wirrt!
trou - - - - bleth Is - ra - el.
30
sf

33
당 신 과 또 한 당 신 의 조 상 의 집
son-dern du, Kö-nig, und dei-nes Va - ters Haus, da -
It is thou A - hab, and all thy fa - ther's house. Ye
f
36
이 여 호 와 명 령 어 겼 고 바 알 을 섬 겼 음 이
mit, dass ihr des Herrn Ge - bot ver - lasst, und wan-delt Baa lim nach. Wohl-
have for-sak - en God's com-mands, And thou hast foll-ow'd Baal - - - im! Now
p
sf
39
a tempo
Recit.
라 이 제 모 이 라 이 스 라 엘 의
an! So sen - de nun hin, und ver-sam - mle zu
send, and ga - ther to me, Send, and ga - ther to
f
p
43
a tempo
모 든 백 성 모 이 라 갈 멜 산 으 로
mir das gan - ze I - sra - el auf den Berg Car-mel!
me the whole of Is - ra - el un - to Mount Car-mel!

47
Recit.
바 알 선 지 자 들 과 아 세 라 의 선 지 자
und al - le Pro - phe - ten Baals, und al - le Pro - phe - ten des
There sum - mon the prophets of Baal, And al - so the prophets of the
tr
sf
51
도 모 두 다 모 이 라 갈 멜 산 에
Hains, die vom Ti - sche der Kö - ni - ginn es - sen:
groves who are feast - ed at Jez - e - bel's ta - ble.
54 B
a tempo
엘 리 야 (Bass)
사 신 하 나 님 보 게 되 리 라
da wol - len wir seh'n, ob Gott der Herr ist.
Then, then we shall see whose God is the Lord.
mf
cresc.
사 신 하 나 님 보 게 되
Da wol - len wir sehn, ob Gott der
And then we shall see whose God is
사 신 하 나 님 보 — 게 되
Da wol - len wir sehn, ob — Gott der
And then we shall see whose God is
54 B
p
cresc.

61
Recit.
f 엘리야 (Bass)
Maestoso (♩ = 80)
바 알 선 지 자 들 아 단 위 에 제 물
Auf denn, ihr Pro - phe - ten Baal's er - wäh - let ei - nen
Rise then, ye priests of Baal, Se - lect and slay a
리 라
Herr ist.
Lord.
God the Lord.
리 라
Herr ist.
God the Lord.
61
Maestoso (♩ = 80)
65
놓 고 불 붙 이 지 말아 라 그 리 고 바 알 신 의 이 름 부
Far - ren, und legt kein Fe - uer da - ran, und ru - fet ihr an den Na - men eu - res
bul - lock, and put no fire under it, Up - lift your voi - ces and call the God ye
68
르 라 나 는 하 나 님 이 름 부 르 리 라
Got - tes, und ich will den Na - men des Herrn an - ru - fen;
wor ship, and I then will call on the Lord Je - ho - va:

71
C
Allegro vivace (𝅗𝅥 = 92)
a tempo
어 느 신 이 불 로 응
wel - cher Gott nun mit Feu - - - - - - er
And the God, who by fire shall
pp
cresc.
sf
74
f
답 하 는 지 보 아 라
ant - - wor - ten wird, der sei Gott.
an - - - swer, Let Him be God.
f
p
78
p
cresc.
f
그 어 느 신 이 불 로 응 답 하 는 지
Ja, wel-cher Gott nun mit Feu - - - er ant - wor - ten wird,
Yea, and the God who by fire shall an - swer, let
p
cresc.
f
그 어 느 신 이 불 로 응 답 하 는 지
Ja, wel-cher Gott nun mit Feu - - - er ant - wor - ten wird,
Yea, and the God who by fire shall an - swer, let
78
p
cresc.
f

83
Recit.
엘리야 (Bass)
너 희 들 이 먼 저 너 희 하 나 님 을
Ruft eu-ren Gott zu-erst, denn eu-re sind vie-le!
Call first up-on your God, your num-bers are ma-ny;
보 아 라
der sei Gott.
him be God.
보 아 라
der sei Gott.
him be God.
83
89
Lento
온 백 성 앞 에 나 타 내 보 이 라 나 는 혼 자
Ich a-ber bin al-lein ü-ber-ge-blie-ben, ein Pro-phet des
I, e-ven I on-ly re-main one prophet of the
Lento
92
니 너 희 들 이 먼 저 나 타 내 보 이 라
Herrn, Ruft eu-re Feld-göt-ter, und eu-re Berg-göt-ter!
Lord, In-voke your forest gods, and moun-tain dei-ties!

11. 바알신이여, 들어주소서

11. Baal, erhöre uns

(합 창)

Andante grave e maestoso (♩ = 84)
Sopran I
Sopran II
Alt I
Alt II
Tenor I
Tenor II
Bass I
Bass II
sf
바 알 신 이 여 바 알 신 이 여 응 답 하 소
Baal, er - hö - re uns, Baal, er - hö - re uns, Baal, er - hö - - - re
Baal, we cry to thee, Baal, we cry to thee, hear and an - - - swer
바 알 신 이 여 바 알 신 이 여 응 답 하 소
Baal, er - hö - re uns, Baal, er - hö - re uns, Baal, er - hö - - - re
Baal, we cry to thee, Baal, we cry to thee, hear and an - - - swer
Andante grave e maestoso (♩ = 84)
f

4
S.I
바 알 신 이 여 바 알 신 이 여 응 답 하 소
Baal, er - hö - re uns, Baal, er - hö - re uns, Baal er - hö - - - re
Baal, we cry to thee, Baal, we cry to thee, hear and an - - - swer
S.II
A.I
바 알 신 이 여 바 알 신 이 여 응 답 하 소
Baal, er - hö - re uns, Baal, er - hö - re uns, Baal er - hö - - - re
Baal, we cry to thee, Baal, we cry to thee, hear und an - - - swer
A.II
T.I
서
uns!
us!
T.II
B.I
서
uns!
us!
B.II
4

8
S.I
서
uns!
us!
S.II
A.I
서
uns!
us!
A.II
T.I
sf
우 리 제 물 받 으 — 소 서 우 리 의 기 도 들 어 주 소
Wen - de dich zu un - serm — O - pfer, Baal, — er - hö - re, er - hö - re —
Heed the sac - ri - fice we — of - fer! Baal, — O hear us and an - swer —
T.II
B.I
우 리 제 물 받 으 소 서 우 리 의 기 도 들 어 주 소
Wen - de dich zu un - serm O - pfer, Baal, — er - hö - re, er - hö - re
Heed the sac - ri - fice we of - fer! Baal, — O hear us and an - swer
B.II
f

12
S.I
S.II
A.I
A.II
T.I
T.II
B.I
B.II
sf
f
우 리 제 물 받 으— 소 서 우 리 의 기 도 들어 주 소
Wen - de dich zu un - serm — O - pfer, Baal, — er - hö - re, er - hö - re —
Heed the sac - ri - fice we — of - fer, Baal, — O hear us and an - swer —
우 리 제 물 받 으 소 서 우 리 의 기 도 들으 소
Wen - de dich zu un - serm O - pfer, Baal, — er - hö - re, er - hö - re
Heed the sac - ri - fice we of - fer, Baal, — O hear us and an - swer
서
uns!
us!
서
uns!
us!

16
S.I
S.II
A.I
A.II
T.I
T.II
B.I
B.II
cresc.
서 바 알 신 이 여 불 로 응 답 하 소
uns! Baal, er - hö - re uns, Baal, er - hor', er - hö - - - - re
us! Baal, we cry to thee, Baal, O hear and an - - - swer
서 바 알 신 이 여 불 로 응 답 하 소
uns! Baal, er - hö - re uns, Baal, er - hor', er - uns, er hö - re
us! Baal, we cry to thee, Baal, O hear and an - swer, an - swer
응 답 응 답 하 소
hö - re uns, er - hö - re
hear and an - - - swer
바 알 신 이 여 바 알 신 이 여 응 답 하 소
Baal, er - hö - re uns, Baal, er - hö - re uns, Baal, er - hö - - - - re
Baal, we cry to thee, Baal, we cry to thee, hear and an - - - swer
답 하 소
er - hö - re
바 알 신 이 여 바 알 신 이 여 응 답 하 소
Baal, er - hö - re uns, Baal, er - hö - re uns, Baal, er - hö - - - - re
Baal we cry to thee, Baal, we cry to thee, hear and an - - - swer

20
A
S.I
mf
f
서 우 리 제 물 받 으 소 서 우 리 의 기 도 들 어 주 소
uns! Wen - de dich zu un - serm O - pfer, Baal, er - hö - re, er hö - re
us! Heed the sac - ri - fice we of - fer! Baal, O hear us and an - swer
S.II
A.I
mf
f
서 우 리 제 물 받 으 소 서 우 리 의 기 도 들 어 주 소
uns! Wen - de dich zu un - serm O - pfer, Baal, er - hö - re, er - hö - re
us! Heed the sac - ri - fice we of - fer! Baal, O hear us and an - swer
A.II
T.I
f
서 우 리 의 기 도 들 어 주 소
uns! Baal, er - hö - re, er - hö - re
us! Baal, O hear us and an - swer
T.II
B.I
f
서 우 리 기 도 들 어 주 소
uns! Baal, er - hö - re, er - hö - re
us! Baal, O hear us and an - swer
B.II
20
sf
sf
sf
sf

24
S.I
서 우 리 의 기 도 들 어 주 소
uns! Baal, er - hö - re, er - hö - re
us! Baal, O hear us and an - swer
S.II
A.I
서 우 리 의 기 도 들 어 주 소
uns! Baal, er hö - re, er - hö - re
us! Baal, O hear us and an - swer
A.II
T.I
서 우 리 제 물 받 으 소 서 우 리 의 기 도 들 어 주 소
uns! Wen - de dich zu un - serm O - pfer, Baal, er - hö - re, er - hö - re
us! Heed the sac - ri - fice we of - fer! Baal, O hear us and an - swer
T.II
B.I
서 우 리 제 물 받 으 소 서 우 리 의 기 도 들 어 주 소
uns! Wen - de dich zu un - serm O - pfer, Baal, er - hö - re, er - hö - re
us! Heed the sac - ri - fice we of - fer! Baal, O hear us and an - swer
B.II
24

Allegro non troppo
(♩= 160)
28
S.I
서 바 알 신 이 여 불 로 응 답 하 소 서
uns! Baal, er - hö - re uns, Baal, er - hör, er - hö - re uns!
us! Baal, we cry to thee, Baal, O hear and an - swer us!
S.II
불 로 응 답 응 답 하 소 서
Baal, er - hö - re uns, er - hö - re uns!
Baal, O hear O hear and an - swer us!
A.I
서 바 알 신 이 여 불 로 응 답 하 소 서
uns! Baal, er - hö - re uns, Baal, er hö - re hö - re uns!
us! Baal, we cry to thee, Baal, O hear and an - swer us!
A.II
불 로 응 답 응 답 하 소 서
Baal, er - hö - re uns, er - hö - re uns!
Baal, O hear O hear and an - swer us!
T.I
서 바 알 신 이 여 바 알 신 이 여 응 답 하 소 서
uns! Baal, er - hö - re uns, Baal, er - hö - re uns, Baal, er - hö - re uns!
us! Baal, we cry to thee, Baal, we cry to thee, here, and an - swer us!
T.II
답 하 소 서
er - hö - re uns!
B.I
서 바 알 신 이 여 바 알 신 이 여 응 답 하 소 서
uns! Baal, er hö - re uns, Baal, er - hö - re uns, Baal, er - hö - re uns!
us! Baal, we cry to thee, Baal, we cry to thee, hear, and an - swer us!
B.II
Allegro non troppo
(♩= 160)
28

33
S
A
T
B
f
전 능 의 바 알 이
Hö - re uns mäch - ti - ger
Hear us, Baal, hear, migh - ty
f
전 능 의 바 알 이
Hö - re uns mäch - ti - ger
Hear us Baal, hear, migh - ty
33
sf
f
f
39
대 답 하 소 서
Baal, er - hö - re uns
Baal, O an - swer us!
여
Gott!
God!
f
전 능
Hö - re
Hear us,
대 답 하 소 서
Baal, er - hö - re uns
Baal, O an - swer us!
여
Gott!
God!
f
전 능
Hö - re
Hear us,
39
mf
f

45
S
A
T
B
대 답 하 소
Baal, er - hö - re
Baal, O an - swer
의 바 알 이 여
uns, mäch - ti - ger Gott!
Baal, hear, migh - ty God!
mf
51
f
서 불 을 내 리 사 적 을
uns! Send' uns dein Feu - - - er, und ver -
us! Baal, let thy flames fall, and ex -
sf

57
S
A
T
B
멸 하 소 서
til - ge den Feind.
tir - pate the foe!
불 을 내 리
Send' uns dein Feu - - -
Baal, let thy flames
63
B
f
전 능
Hö - re
Hear us,
사 적 을 멸 하 소 서
er, und ver - til - ge den Feind.
fall and ex - tir - pate the foe!
cresc.
ff

69
S
mf
dim.
의 바 알 이 여 대 답 하 소
uns, mäch - ti - ger Gott! Baal, er - hö - re
Baal! hear, migh - ty God! Baal, O an - swer
A
T
mf
dim.
의 바 알 이 여 대 답 하 소
uns, mäch - ti - ger Gott! Baal, er - hö - re
Baal! hear, migh - ty God! Baal, O an - swer
B
69
mf

75
S
f
서 불 지 금 내 려 적 을
uns! Send' uns dein Feu - - - er, und ver -
us! Baal, let thy flames fall, and ex -
A
T
f
서 불 지 금 내 려 적 을
uns! Send' uns dein Feu - - - er, und ver -
us! Baal, let thy flames fall, and ex -
B
75
cresc.

81
S
멸 하 소 서
til - ge den Feind!
tir - pate the foe!
A
불 지 금 내
Send' uns dein Feu - - -
Baal, let thy flames
T
멸 하 소 서
til - ge den Feind!
tir - pate the foe!
B
불 지 금 내
Send' uns dein Feu - - -
Baal, let thy flames
81
87
S
A
f
려 적 을 멸 하 소 서 전 능
er, und ver - til - ge den Feind! Hö - re
fall, and ex - tir - pate the foe! Hear us,
T
B
f
려 적 을 멸 하 소 서 전 능
er, und ver - til - ge den Feind! Hö - re
fall, and ex - tir - pate the foe! Hear us,
87
cresc.
f

93
S
A
T
B
전 능 의 바 알 이
Hö - re uns, mäch - ti - ger
Hear us, Baal! hear, migh - ty
의 바 알 이 여
uns, mäch - ti - ger Gott!
Baal! hear, migh - ty God!
mf
99
C
f
여
Gott!
God!
전 능 의 바 알 이 여
Hö - re uns, mäch - ti - ger Gott!
Hear us, Baal! hear, migh - ty God!
전 능
Hö - re
Hear us,

105
S
의 바 알 이 여 전 능 의 전
uns, mäch - ti - ger Gott! er - hör' uns, er -
Baal! hear, migh - ty God! O hear us, O
f
A
전 능 의 바 알 이
Hö - re uns, mäch - ti - ger
Hear us, Baal! hear, migh - ty
T
의 바 알 이 여 전 능 의 전
uns mäch - ti - ger Gott! er - hör' uns, er -
God! hear, migh - ty God! O hear us, O
f
B
전 능 의 바 알 이
Hö - re uns, mäch - ti - ger
Hear us, Baal! hear, migh - ty
105
ff
111
S
mf
dim.
능 의 바 알 신 이 여 바
hör' uns, Baal, er - hö - re uns, Baal,
Hear us, Baal! O Hear us! Baal
A
여
Gott!
God!
T
mf
dim.
능 의 바 알 신 이 여 바
hör' uns, Baal, er - hö - re uns, Baal,
hear us, Baal! O hear us! Baal
B
여
Gott!
God!
111
mf
dim.

117
S
알 신 이 여
er - hö - - - - re uns!
O hear us! Baal!
A
신 이 여
hö - - - re uns!
Hear us!
T
알 신 이 여
er - hö - - - re uns!
O Hear us!
B
117
dim.
123
S
dim.
응 답
Hör' uns!
Hear us!
A
f
전 능 의
Hö - re uns!
Hear us!
T
f
전 능 의
Hö - re uns!
Hear us!
B
f
f
신 이 여
hö - re uns!
Hear us!
123
dim.

129
S
A
T
B
sf
응
hör'
Hear
dim.
신 이 여
hö - re uns!
Hear us!
dim.
전 능 의
hö - re uns!
Hear us!
sf
응 답
hör' uns!
Hear us!
135
f
p
답
uns!
us!
하 소 서
hör' uns!
Hear us!
dim.

12. 더욱 크게 부르짖으라

12. Rufet lauter!

서창(베이스-Elias)

왕상 18:27

Recit.
엘리야 (Bass)
더 욱 크 게 부 르 짖으 라 너 희 의
Ru - fet lau - ter! denn er ist ja Gott! er dich - tet,
Call him loud - er! for he is a God! He talk - eth;
sf
f
4
하 나 님 외 출 하 여 소 리 를 못 듣
o - der er hat zu schaf - fen, o - der ist ü - ber
or, he is pur - su - ing; or, he is in a
sf
f
6
p
cresc.
고 혹 시 주 무 셔 서 못들 을
Feld, o - der schläft er vielle - icht, dass er
jour - ney; or, per - ad - ven - ture, he sleep - eth; so a -
p
8
f
지 모 르 니 더 욱 크 게 불 러 보 라
auf - wa - che. Ru - fet lau - ter, ru - fet lau - ter!
wa - ken him. Call him loud - er, call him loud - er!
sf
f
sf
sf

바알신이여, 응답하소서

Baal, erhöre uns

(합창)

CHOR.
Allegro vivace (♩ = 160)
f
바 알
Baal, er -
Hear our
f
바 알 신 이 여
Baal, er - hö - re uns,
Hear our cry, O Baal!
Allegro vivace (♩ = 160)
ff
sf sf sf sf sf sf
6
f
응 답 하 소
Baal, er - hö - re
Hear our cry, o
f
응 답 하 소 서 잠 에
Baal, er - hö - re uns, wa - che
Hear our cry, O rise, now a -
신 이 여 깨 소 서 잠 에
hö - re uns, wa - che auf! wa - che
cry, O Baal! now a - rise, now a -
잠 에 서 깨 소 서 잠 에
wa - che auf! wa - che auf! wa - che
now a - rise, now a - rise, now a
6
sf sf sf sf

11
서 깨 소 서 어 찌 하 여 아 직
uns, wa - che auf! wa - rum schläfst du? wa - che
Baal, now a - rise, where - fore slum - - - ber? now a -
서 깨 소 서 어 찌 하 여 아 직
auf, wa - che auf! wa - rum schläfst du? wa - che
rise, now a - rise, where - fore slum - - - ber? now a
서 깨 소 서 어 찌 하 여 아 직
auf, wa - che auf! wa - rum schläfst du? wa - che
rise, now a - rise, where - fore slum - - - ber? now a -
11
16
도 주 무 시 고 계 신 가 잠 깨 소 서
auf! wa - rum schläfst du? wa - che auf! wa - rum schläfst du?
rise! where-fore slum - - ber? now a - rise! where-fore slum - ber?
도 주 무 시 고 계 신 가 잠 깨 소 서
auf! wa - rum schläfst du? wa - che auf! wa - rum schläfst du?
rise! where-fore slum - - ber? now a - rise! where-fore slum - ber?
16
ff

13. 더욱 크게 불렀어도

13. Rufet lauter!

서창(베이스–Elias)

왕상 18:28

Recit.
엘리야 (Bass)
더 욱 크 게 불 렀 어 도 너 희 의
Ru - fet lau - ter! er hört euch nicht. Ritzt euch mit
Call him loud - er! he hear - eth not! With knives and
Allegro molto (𝅗𝅥 = 160)
몸 을 창 과 칼 로 상 하 게 하 여
Mes - sern und mit Pfrie - men nach eu - rer Wei - se.
lanc - ets cut your-selves af - ter your man-ner;
피 — 흘 리 며 부 르 짖 어 도 너 희 의 바 알
Hinkt — um den Al - tar, den ihr ge - macht, ru - fet und weis - sagt,
Leap — up-on the al - tar ye have made! Call him, and pro-phesy;
단 한 마 디 대 답 도 지 금 까 지 못 했 도 다
da wird kei - ne Stim-me sein, kei - ne Ant-wort, kein Auf-mer-ken.
Not a voice will an-swer you, none will lis - ten; none heed you.

바알, 응답하소서

Baal, gieb uns Antwort

(합창)

Presto (♩. = 126)
ff
바알
Baal!
Baal!
ff
바알
Baal!
Baal!
Presto (♩. = 126)
ff
5
응 답 하 소 서
Gieb uns Ant - wort, Baal!
Hear and an - swer, Baal!
응 답
gieb uns
hear and
응 답 하 소 서
Gieb uns Ant - wort, Baal!
Hear and an - swer, Baal!
응 답
gieb uns
hear and
5
ff
ff

10
D
하 소 서
Ant - wort, Baal!
an - swer, Baal!
우 리 를 조 롱 함
Sie - he, die Fein - de ver-
Mark how the scorn - er de-
우 리 를
Sie - he, die
Mark how the
하 소 서
Ant - wort, Baal!
an - swer, Baal!
바알
Baal!
Baal!
sf
15
보 소 서 우 리 를 조 롱 함 보 소
spot - ten uns, sie - he, die Fein - de ver-spot - ten
ri - deth us, Mark how the scorn - er de - ri - deth
조 롱 함 보 소 서 우 리 조 롱 함 보
Fein - de ver-spot - ten uns, sie - he, die Fein - de ver-
scorn - er de - ri - deth us, Mark how the scorn - er de-
우 리 를 조 롱 한 모 습 보 소
Sie - he, die Fein - de ver-spot - ten, ver-spot - - -
Mark how the scorn - er de - ri - deth, de - ri - - -
우 리 를 조 롱 함 보 소 서 우 리 조
Sie - he, die Fein - de ver - spot - ten uns, sie - he, die
Mark how the scorn - er de - ri - deth us, Mark how the

20
서 응 답
uns, gieb uns
us! hear and
소 서 응 답 하 소 서 바알
spot - ten uns gib uns Ant - - - wort, Baal!
ri - deth us! Hear and an - - - swer, Baal!
서 응 답 하 소 서 바알
- - ten uns gib uns Ant - - - wort, Baal!
- - deth us! Hear and an - - - swer, Baal!
롱 함 보 소 서 응 답
Fein - de ver - spot - - - - - - - ten, gieb uns
scorn - er de - ri - - - - - - - deth! hear and
20
ff
sf
24
하 소 서 응 답
Ant - wort, Baal! gieb uns
an - swer, Baal! hear and
응 답 하 소 서
gieb uns Ant - - wort, Baal!
hear and an - - swer, Baal!
응 답 하 소 서
gieb uns Ant - - wort, Baal!
hear and an - - swer, Baal!
하 소 서 응 답
Ant - wort, Baal! gieb uns
an - swer, Baal! hear and
24

28
하 소 서 우 리 에 게
Ant - wort, Baal! gieb uns Ant - wort,
an - swer, Baal! hear and an - swer,
우 리 에 게 우 리
gieb uns Ant - wort, gieb uns
hear and an - swer, hear and
우 리 에 게 우 리
gieb uns Ant - wort, gieb uns
hear and an - swer, hear and
하 소 서 우 리 에 게
Ant - wort, Baal! gieb uns Ant - wort,
an - swer, Baal! hear and an - swer,
28
ff
32
응 답 하 소 서 우 리 를
gieb uns Ant - wort, Baal! Sie - he, die
hear and an - swer, Baal! Mark how the
에 게
Ant - wort,
an - - swer,
에 게 응 답 하 소 서 우 리 를
Ant - wort, gieb uns Ant - wort, Baal! Sie - he, die
an - - swer, hear and an - swer, Baal! Mark how the
32
ff

37
조 롱 함 보 소 서 조 롱 함 을 보
Fein - de ver - spot - ten uns, ver-spot - ten uns, ver-
scorn - er de - ri - deth us, de - ri - deth us, de-
조 롱 함 보 소 서 조 롱 함 을 보
Fein - de ver - spot - ten uns, ver-spot - ten uns, ver-
scorn - er de - ri - deth us, de - ri - deth us, de-
37
42
E
소 서 응 답 하 소 서 우 리 에 게
spot - ten uns, gieb uns Ant - wort, gieb uns Ant - wort,
ri - deth us! Hear and an - swer, hear and an - swer,
소 서 우 리 에 게 우 리
spot - ten uns, gieb uns Ant - wort, gieb uns
ri - deth us! Hear and an - swer, hear and
42
E
sf
sf

47
우 리 에 게 응 답 하 소 서 우 리 에 게
gieb uns Ant - wort, gieb uns Ant - wort, Baal! gieb uns Ant - wort,
hear and an - swer, hear and an - swer! Baal! hear and an - swer,
에 게 응 답 하 소 서 우 리
Ant - wort, gieb uns Ant - wort, Baal! gieb uns
an - swer, hear and an - swer! Baal! hear and
47
sf
ff
sf
53
불 로 응 답 하 옵 소 서
gieb uns Ant - wort, gieb uns Ant - wort!
hear and an - swer, hear and an - swer!
ff
에 게 불 로 응 답 하 옵
Ant - wort, gieb uns Ant - wort! gieb uns
an - swer, hear and an - swer! hear and
53
sf
sf
ff

59
ff
바알
Baal!
Baal!
ff
소 서
Ant - wort!
an - swer!
바알
Baal!
Baal!
59
ff
63
바알
Baal!
Baal!
ff
우 리 에 게
gieb uns Ant-wort,
hear and an-swer,
어 서
gieb uns
hear and
바알
Baal!
Baal!
ff
우 리 에 게
gieb uns Ant-wort,
hear and an-swer,
어 서
gieb uns
hear and
63
sf
ff

68
Silent
ff
빨 리 응 답 하 여 주 옵
Ant - wort, gieb uns Ant - wort! gieb uns
an - swer, hear and an - swer! hear and
ff
빨 리 응 답 하 여 주 옵
Ant - wort, gieb uns Ant - wort! gieb uns
an - swer, hear and an - swer! hear and
68
Silent
ff
ff
74
Silent
Adagio (♩ = 63)
엘리야 (Bass)
f
모 든 백 성 들 내 게 오 라
Kommt her, al - les Volk, kommt her zu mir!
Draw near, all ye peo - ple, come to me!
소 서
Ant-wort!
an-swer!
소 서
Ant-wort!
an-swer!
74
Silent
p
cresc.
f sf

14. 아브라함과 이삭의 하나님

14. Herr Gott Abrahams, Isaaks und Israels

영창(베이스–Elias)

왕상 18:36-37

Adagio (♩ = 63)
dim.
p
5
cresc.
p
엘리야 (Bass)
아 브 라 함 과 이 삭 의 하 나 님 이
Herr Gott A - bra-ham's, I - saak's und I - sra-els, lass
Lord God of A - bra - ham, I - saac, and Is - ra - el; this
9
우 리 하— 나 님 이— 며 나 는 그 의 종
heut kund wer - den, dass du— Gott bist, und ich dein Knecht!
day let it be known that Thou art God,— and I am thy ser - vant! -
cresc.
12
f
dim.
cresc.
아 브 라 함 의 하 나 님 이 여 주 하— 나 님 이
Herr Gott A - bra-hams! und dass ich sol - ches Al - les— nach dei-nem
Lord God of A - bra-ham! O show to all this peo - ple— that I have
f
dim.
p
p
cresc.

15
dim.
명 하 시 면 그 대 로 이 루 심 을 알 게 하 소
Wor - te ge - than, nach dei - nem Wor - te ge - than. Er - hö - re mich,
done these things ac - cor - ding to Thy word! O hear me,
sf
dim.
p
18
서 알 게 하 소 서 나 의 기 도 응 답 하 소
Herr, er - hö - re mich! er - hö - re mich, Herr, er - hö - re
Lord, and an - swer me! O hear me, Lord, and an - swer
cresc.
21
cresc.
ff
p
서 아 브 라 함 과 이 삭 의 하 나 님 나
mich! Herr Gott A - bra - hams Isa - aks und I - sra - els, er -
me! Lord God of A - bra - ham, I - saac, and Is - ra - el; O
cresc.
ff
p
24
cresc.
sf
의 간 구 주 여 들 어 주 소 서 이 백 성 들 이 주
hö - re mich, Herr, er - hö - re mich! dass dies Volk wis - se, dass
hear me, O hear me and an - swer me; and show this peo - ple that
cresc.
f
p

27
여 호 와 는 하 나 님 이 신 것 을 알 고 주
du Herr Gott bist, dass du ihr Herz da-nach be-keh-rest, dass
Thou art Lord God; and let their hearts a-gain be turn-ed! O
cresc.
p
30
cresc.
dim.
하 나 님 이 이 백 성 들 의 마 음 을 돌 이 키 게
dies Volk wis-se, dass du Herr Gott bist, dass du ihr Herz da-nach be-
show this peo-ple that Thou art Lord God, and let their hearts a-gain be
cresc.
p
33
함 을 주 여 온 백 성
keh-rest. Herr, dass du ihr
turn-ed, Lord; and let their
mf
mf
p
36
이 다 알 게 하 여 주 옵 소 서
Herz, dass du ihr Herz da-nach be-keh-rest!
hearts, and let their hearts a-gain be turn-ed!
pp
pp
attacca subito;

15. 너의 짐을 주께 맡기라

15. Wirf dein Anliegen auf den Herrn

(사중창)

시 55:22

Piu Adagio (♩ = 52)
Sopran solo
Alt solo
Tenor solo
Bass solo
pp
너 의— 집 주 께 맡 기 라 주 널 붙 들
Wirf dein — An - lie-gen auf den Herrn, der wird dich ver -
Cast thy — bur - den up - on the Lord; and He shall sus -
Piu Adagio (♩ = 52)
4
cresc.
p
리 라 주— 는 어 려 움 당 한 의—— 인 을 항 상— 지 키
sor - gen, und — wird den Ge-rech - ten nicht e - wig-lich in Un - ru-he
tain thee: He — ne - ver will suf - fer the right - eous to fall; He is — at thy
리— 라 주— 는 어 려 움 당 한 의—— 인 을 항 상 지 키
tain — thee: He — ne - ver will suf - fer the right - eous to fall; He is at thy

8
cresc.
dim.
리 ― 라 주 님 의 자 비 는 저 하 늘 이 르 ― 니 그
las - sen. Denn sei - ne Gna - de reicht so weit der Him - mel ist, und
right hand. Thy mer - cy, Lord, is great, and far a - bove the heav'ns, Let
리 라 주 님 의 자 비 는 저 하 늘 - 이 르 니 그
las - sen. Denn sei - ne Gna - de reicht so weit der Him - mel ist, und
right hand. Thy mer - cy, Lord, is great, and far a - bove the heav'ns, Let
8
Ped.
Ped.
13
p
어 느 누 구 ― 라 도 해 치 못 하 ― 리
kei - ner wird zu Schan - den, der sei - ner har - ret.
none be made a - sha - med, that wait up - on ― Thee!
어 느 누 구 라 도 해 치 못 하 ― 리
kei - ner wird zu Schan - den, der sei - ner har - ret.
none be made a - sha - med, that wait up - on ― Thee!
13
cresc.
pp
Ped.
Ped.

16. 생명을 만드신 주여

16. Der du deine Diener machst zu Geistern

서창(베이스–Elias) & 합창

Recit.
엘리야 (Bass)
cresc.
모 든 생명 을── 만 드 신 주 여 하 늘 의
Der du dei-ne Die - ner machst zu Gei - stern, und dei - ne
O Thou, who ma - kest thine An - gels Spi - rits; Thou, whose
pp
3
천 사 에 게 명 하 사 불 내 리 소 서
En - gel zu Fe - uer-flam - men, sen - de sie he - rab!
minis - ters are fla - ming fires: Let them now des - cend!
cresc.
f
sf
6
Allegro con fuoco (♩ = 152)
Chorus.
백 성 들 (Das Volk)
SOPRANO
저 하 늘 로 부
Das Feu - er fiel he -
The fire de-scends from
ALTO
TENOR
저 하 늘 로 부 터
Das Feu - er fiel he - rab!
The fire de-scends from heav'n!
BASS
ff
p cresc.
f

9
터 큰불이내려 와
rab! das Feu - er fiel he - rab!
heav'n! The fire de-scends from heav'n!
큰불이내려 와 큰불이내려
das Feu - er fiel he - rab! das Feu - er fiel he -
The fire de-scends from heav'n! The fie de-scends from
9
f
12
큰불이내려 와 불 이내려
das Feu - er fiel he - rab! Feu - er fiel he -
The fire de-scends from heav'n! fire de - scends from
sf
불 이
Feu - er
fire de - scend!
와 내 려 와 불 이내려
rab! fiel he - rab! Feu - er fiel her -
heav'n, from heav'n! fire de-scends from
sf
제 단 의제 물을 태
Die Flam-me frass das Brand
The flames con-sume his off - 'ring, his
12
ff
sf

15
와 불 이 내 려 와
rab! Feu - - - er fiel he - rab!
heav'n! fire de-scends from heav'n
제 단 의 제 물 을 태 우 네 제 단 의
Die Flam-me frass das Brand - - - - - - op - fer, die Flam-me
The Flames con-sume his off - 'ring his off - 'ring; the flames con-
와 불 이 제 단 의 제 물 을
ab! Feu - - - er! Die Flam - me frass das
heav'n! fire de-scends! the flames con-sume his
우 네 제 단 의 제 물 태 우 네
op - fer, die Flam-me frass das Brand - - - op - fer
off - 'ring; the flames con - sume, con - - - - sume his off - 'ring,
15
18
A
불 이 제 단 의 제 물 을 태
Feu - - er! Die Flam - me frass das Brand - - - - - -
fire descends! The flames con - sume his off - - - - - -
제 물 태 우 네 제 단 의 제 물
frass das Brand - - - o - pfer, die Flam - me frass, die
sume his off - - - 'ring, the flames con - sume, the
태 우 네 제 물 을 태 우 도 다 제
Brand - - - - - - op - fer, die Flam - me, die Flam - me frass, die
off 'ring the flames con - sume his off - 'ring, the flames, the
불 이 내 려 와 그 제 물 을 태
Feu - - - er fiel he - rab! Die Flam - me frass, die
fire de-scends from heav'n! the flames con - sume, the
18
A

21
우 네 제 단
op - - fer die Flam - - - - - - -
- - - 'ring! the flames
sf
태 우 네 제 단
Flam - - - - - - - - - me frass, die Flam - - - - - - - -
flames, con-sume the flames
단
Flam -
flames,
sf
우 네 제 단
Flam - - - - - - - - - - - - me, die Flam - - - - - - - -
flames the flames
21
sf
sf
24
sf
의 제 물 을 태 우
- - - - me, die Flam - - - - - - - - - - - - me frass das
the flames con-sume his
의
- me,
con-sume his off - ring,
sf
의 제 물 을 태 우
- - - - me, die Flam - - - - - - - - - - - me frass das
the flames con - sume his
의 제 물 을
- me, die Flam-me
con - sume his off - - - - - - ring, the flames con-
24
sf

27
도 다 제 물 을 태
Op - fer, die Flam - me frass
off - 'ring, the flames con - sume
제 물 을 태 우 도
die Flam - me frass das Op - - - - - - -
the flames con - sume his off - - - - - - -
도 다 제 물 을 태 우 도 다 태
Op - fer, die Flam - me frass das Op - fer, das
off - 'ring, the flames con - sume his off - 'ring, his
태 우 도 다 제 물 을 태
frass das Op - fer, die Flam - me frass
sume his off - 'ring, the flames con - sume
27
30
우 도 다 주 께 머 리 숙 여 경 배
das Op - fer, fallt nie - der auf eu - er An - ge -
his off - 'ring! Be - fore Him up - on your fa - ces
다
- - - - - - fer,
- - - - - - 'ring!
우 도 다 주 께 머 리 숙 여
Op - - - - - - - - fer. Fallt nie - der auf eu - er
off - - - - - - - - 'ring! Be - fore Him up - on your
우 도 다
das Op - fer.
his off - 'ring!
30

33
해 주 께 머 리 숙 여 경 배 해 주 께 머 리 숙 여 경 배
sicht, fallt nie - der auf eu - er An - ge - sicht, fallt nie - der auf eu - er An-ge-
fall; be - fore Him up - on your fa - ces fall; be-fore Him up - on your fa-ces
경 배 해 주 께 머 리 숙 여 경 배 해 주— 님 께 경 배
An - ge-sicht, fallt nie - der auf eu - er An - ge-sicht, auf — eu - er An-ge-
fa - ces fall; be - fore Him, be-fore Him fall; be-fore Him up - on your fa-ces
33
sf sf sf sf sf sf f
37
p pp
해 — 경 배 해 주 님 께
sicht, — fallt nie - der auf eu - er
fall; — be - fore Him, up - on your
p pp
해 — 경 배 해 주 님 께
sicht, — fallt nie - der auf eu - er
fall; — be - fore Him, up - on your
37
sf p dim.

41
B
pp
cresc.
f
경 배 해 여 호 와 는 참 하 나 님 주 여
An - ge-sicht! Der Herr ist Gott, der Herr ist Gott, der Herr
fa - ces fall! The Lord is God, the Lord is God, O Is - -
경 배 해 여 호 와 는 참 하 나 님 주 여
An - ge-sicht! Der Herr ist Gott, der Herr ist Gott, der Herr
fa - ces fall! The Lord is God, the Lord is God, O Is - -
48
호 와 는 참 되 신 하 나 님 하 나 님
un - ser Gott ist ein ei - - - ni - ger Herr, und es sind
ra - el hear! Our God is one Lord: And we will
호 와 는 참 되 신 하 나 님 하 나 님
un - ser Gott ist ein ei - - - ni - ger Herr, und es sind
ra - el hear! Our God is one Lord: And we will
sf

54
한 분 외 에 다 른 신 은 없 도 다
kei - ne an - dern Göt - - - - ter ne - ben ihm.
have no oth - er Gods be - fore the Lord.
한 분 외 에 다 른 신 은 없 도 다
kei - ne an - dern Göt - - - - ter ne - ben ihm.
have no oth - er Gods be - fore the Lord.
54
V. S.
왕상 18:40
Recit.
60
f
엘리야 (Bass)
저 바 알 선 지 자 한 사 람 도 남 김
Greift die Prop - he - ten Baals, dass ih - rer kei - ner ent -
Take all the pro - phets of Baal, and let not one them es -
p
ff
p
63
없 이 시 냇 가 로 데 려 가 모
rin - ne führt sie hin - ab an den Bach, und
cape you. Bring them down to Ki - shon's brook; and
ff
p
ff

Allegro vivace, a tempo
66
두 다 죽 이 라
schlach - tet sie da - selbst!
there let them be slain.
f
저 바 알 선 지 자 한 사 람
Greift die Pro-phe - ten Baals, dass ih - rer
Take all the pro-phets of Baal, and let not
f
저 바 알 선 지 자 한 사 람
Greift die Pro-phe - ten Baals, dass ih - rer
Take all the pro-phets of Baal, and let not
66
ff
ff
70
도 남 김 없 이 모 두 죽 이 라
kei - ner ent - rin - ne! kei - ner ent - rin - ne!
one them es - cape us; bring all, and slay them!
도 남 김 없 이 모 두 죽 이 라
kei - ner ent - rin - ne! kei - ner ent - rin - ne!
one them es - cape us; bring all, and slay them!
70
sf
sf
sf
sf
attacca

17. 주의 말씀은 불같지 않더냐

17. Ist nicht des Herrn Wort wie ein Feuer?

영창(베이스–Elias)

Allegro con fuoco (𝅗𝅥 = 92)
엘리야 (Bass)
주 말 씀
Ist nicht des
Is not His
Allegro con fuoco (𝅗𝅥 = 92)
4
은 큰 불 과 같 고
Herrn Wort wie ein Feu - - - er,
word like a fire?
7
큰 바 위 부 수 는 망 치 로 다 바 위
und wie ein Ham - mer, der Fel - sen zer - schlägt, wie ein
And like a ham - mer that break - eth the rock, a
10
쪼 개 는 망 치 로 다 저 큰 바 위 를 부 수
Ham - mer, der Fel - sen zer - schlägt, der Fel - sen, der Fel - sen zer -
ham - mer that break - eth the rock, that break - eth the rock in - to

13
는 망 치 같 도 다 저 큰
schlägt, wie ein Ham - - - - - - - mer, wie ein
pieces? like a fire, like a fire, and like a
p
16
f
sf
바 위 쪼 개 는 망 치 같 도
Ham - - - mer, ein Han - - - mer, der Fel - sen zer-
ham - - - mer that break - - - eth, that break - eth the
cresc.
19
sf
다 주 말 씀 은 큰 불 같 고 큰 바
schlägt? Sein Wort ist wie ein Feu - er und wie ein
rock. His word is like a fire, and like a
f
p
22
f
sf
위 를 쪼 개 는 망 치 같 도
Ham - - - mer, ein Ham - - - mer, der Fel - sen zer-
ham - - - mer, a ham - - - mer that break - eth the
f

25
p
다 주 하 나
schlägt. Gott ist ein
rock. For God is
ff
fp
28
님 은 공 의로 운 심 판 자 시
rech - - - ter Rich - ter, und ein Gott der täg - lich
an - - - gry, an - gry with the wi - cked eve - ry
31
sf
라 여 호 와 하 나 님 은
droht, ein rech - - - ter Rich - ter, und ein
day. for God is an - gry with the
p
34
p
심 판 자 시 라 만 일 에 죄 악
Gott der täg - lich droht. Will man sich nicht be -
wi - cked eve - ry day; and if the wi - cked
pp

37
에 서 돌 이 키 지 않 으 면 심
keh - - - ren, so hat er sein Schwert ge - wetzt, sein
turn not, the Lord will — whet his sword, will
40
판 의 화 살 이 당 겨 지 리 라 심
Schwert ge - wetzt und sei - nen Bo - gen ge - spannt, und
whet his sword; and He hath bent — his bow, and
cresc.
44
판 의 화 살
zie - let, zie - let,
made it read - y, and made it read - y,
48
화 살 주 말 씀 은 큰 불 과
zie - - - let. Ist nicht des Herrn Wort wie ein
rea - - - dy! Is not His word — like a

51
같 고 큰 바 위
Feu - - - - er, und wie ein
fire? and like a
ff
p
54
부 수 는 망 치 로 다 큰 바 위 쪼 개 는 망 치 로
Ham - mer, der Fel - sen zer - schlägt, und wie ein Ham - mer der Fel - sen zer -
ham - mer that break - eth the rock, and like a ham - mer that break - eth the
57
다 큰 바 위 부 수 는 망 치
schlägt und wie ein Ham - - - - - - - mer, wie ein
rock? Is not His word like a fire, and like a
pp
60
같 도 다 큰 바 위 가 루 만 들
Ham - - - mer, ein Ham - - - mer, der Fel - sen zer-
ham - - - mer, a ham - - - mer that break - eth the
cresc.

63
sf
어 부 숴 버 리 는 강 한
schlägt, der Fel - sen zer - schlägt, zer - schlägt,
rock, that break - eth the rock, that break - eth the
f
p
67
망 치 같 도 다 무 거 운 망
und wie ein Ham - - - mer, ein Ham - - - mer, der
rock, and like a fire, like a ham - - - mer that
cresc.
70
치 같 도 다 주 말 씀 은 큰 바
Fel - sen zer-schlägt? Ist nicht sein Wort wie ein
break - eth the rock? Is not His word like a
p
73
위 를 가 루 만 드 는 망 치 같
Ham - - - mer, der Fel - - - - sen zer - schlägt, ist nicht sein
ham - - - mer that break - - - - eth the rock; is not His

76
도 다 바 위 를 부 수 는
Wort wie ein Ham - mer, der Fel - - - sen,
word like a ham - - mer that break - - - - - -
cresc.
cresc.
79
망 치 같 도 다
Fel - sen zer - schlägt,
- - eth rock in - to pieces,
ff
82
Piu lento
f
주 의 말 씀 은 바 위 부 수 는 망 치 같 도
ist nicht des Herrn Wort wie ein Ham - mer, der Fel - sen zer-
Is not His word like a ham - mer that break - eth the
f
86
Tempo I
다
schlägt?
rock?
ff

18. 하나님 버리는 자는 고통을 받으리라

18. Weh ihnen, dass sie von mir weichen!

아리오소(알토)

Lento (♪ = 96)
Alt
오 하 나 님 버 리 는 자 는 그 들 은 멸 망 하 리 라 하
Weh ih - nen, dass sie von mir wei-chen! Sie müs-sen ver - stö-ret wer-den, denn
Woe, woe un - to them who for-sake Him! des-truc-tion shall fall up - on them; For
p
6
나 님— 버 리 고 범 죄 한 저— 들 진 정 그 들 돌 이
sie sind — ab-trün - nig von mir ge - wor - den. Ich woll - te sie wohl er -
they have trans - gress-ed, trans - gress-ed a - gainst — Him. Though they are by Him re -
p
p
11
키 고—— 주 하 나 님 께 진 실 하 게 돌 아 오 면
lö - sen, —— sie wohl er - lö - sen, ich woll - te sie wohl er lö - sen,
deem - ed, —— by Him re - deem - ed, though they are by Him re - deem - de,
16
cresc.
f
하 나 님 께 서 — 용 서 하 시 리 — 용 서 함 받 — 게 되 리 —
wenn sie nicht Lü - gen — wi - der mich lehr - ten, wenn sie nicht Lü - gen lehr - ten. —
Yet they have spo - ken — false - ly a - gainst Him, spo - ken — false - ly a - gainst Him —
cresc.
f
dim.

21
p
cresc.
— 오 하 나 님 버 리 는 자 는 그 들 은 멸 망 하 — 리 라 진
— Weh' ih - nen, dass sie von mir wei - chen! Sie müs - sen ver - stö - ret — wer - den. Ich
— Woe, woe un - to them who for - sake Him! De - struc - tion shall fall up - on them. Though
pp
26
p
cresc.
정 그 들 이 그 말 을 듣 지 않 으 면 그 들 멸 망 하 리
woll - te sie wohl er - lö - sen, sie hö - ren es nicht, ich woll - te sie wohl er -
they are by Him re - deem - ed; from Him have they fled; Though they are by Him re -
31
f
p
로 다 그 들 멸 망 하 리 라 그
lö - sen, a - ber sie hö - ren es nicht. Weh'
deem - ed; e - ven from Him they have fled. Woe
36
들 — 은 멸 망 하 리 라
ih - nen! Weh' ih - nen!
un - to them! Woe un - to them!

19. 하나님의 사람이여 당신의 백성을 도우소서

19. Hilf deinem Volk, du Mann Gottes!

서창(테너–Obadjah, 베이스–Elias, 소프라노–Der Knabe) & 합창

Recit.
오 바 댜 (Tenor)
하 나 님 의 사 람 이 여 이 방 의
Hilf dei - nem Volk, du Mann Got - tes! Es ist doch
O man of God, help thy peo - ple! A - mong the
p
3
사 신 중 에 어 찌 비 를 오 게 할 수 가 있 으
ja un - ter der Hei - den Göt - zen kei - ner, der Re - gen könn - te
I - dols of the Gen - tiles, are there a - ny that can com - mand the
5
리 오 우 리 하 나 님 한 분 만 이 비 가 올 수 있 게 하
ge - ben; so kann der Himmel auch nicht reg - nen; denn Gott al - lein kann sol - ches
rain, or cause the heav'ns to give their show - ers? The Lord, our God, a - lone can
p
8
Recit.
엘 리 야 (Bass)
f
시 리 라 오 하 나 님 이 제 는
as - les thun. O Herr! du hast nun dei - ne
do these things. O Lord, Thou hast o - ver -
f

11
적 들 이 멸 망 하 였 으 니 저
Fein - de ver - wor - fen und zer - schla - gen: So
thrown thine e - nemies, and de - stroy'd them: Look
13 Andante sostenuto (♩ = 66)
하 늘 문 활 짝 여 시 고 이 백 성 들 의 간
schau - e nun vom Him - mel he - rab, und wen - de die Noth, die
down on us from hea - ven, O Lord; re - gard the dis-tress, the dis -
16
구 들 으 소 서 하 늘 문 여 시 고
Noth dei - nes Vol - kes; - öff - ne den Him - mel und
tress of Thy peo - ple! O - pen the hea - vens, and
18
내 리 소 서 당 신 의 종 이 비 나 이 다
fah - re he-rab, hilf dei - nem Knecht, o du mein Gott!
send us re-lief! Help, help Thy ser - vant now, O God!
cresc.
pp

CHOR.
21
백성들 (Das Volk)
p
sf
pp
하 늘 문 여 시 고 내 리 소 서 당 신 의 종 이 비 — 나 — 이 다
Öff - ne den Him - mel und fah - re her - ab, hilf dei-nem Knecht, o — du — mein Gott!
O - pen the heav - ens and send us re - lief: Help, help Thy ser - vant — now, — O God!
p
sf
pp
하 늘 문 여 시 고 내 리 소 서 당 신 의 종 이 비 나 이 다
Öff - ne den Him - mel und fah - re her - ab, hilf dei-nem Knecht, o du mein Gott!
O - pen the heav - ens and send us re - lief: Help, help Thy ser - vant now, O God!
21
mf
pp
왕상 18:43
25
엘리야 (Bass)
너 소 년 아 가 서 바 다 편 을 보 아라 어 떤
Ge - he hin - auf, Kna - be, und sch - aue zum Mee - re zu, ob der
Go up, — now, child, and look to - ward the sea. Hath my
pp
cresc.
28
cresc.
f
Recit.
소년 (Der Knabe)
Sopran Solo
변 화 가 있 는 지 아 무 것
Herr mein Ge - bet er - hört. Ich se - he
pray - er been heard by the Lord? There is
cresc.
f
p

31
도 저 하 늘 에 서 볼 수 가 없 습 니 다
nichts, der Him - mel ist e - hern ü - ber mei - nem Hau - pte.
nothing. The heav'ns are as brass, they are as brass a - bove me.
pp
34
A
엘리야 (Bass)
a tempo
하 늘 이 닫 힌 까 닭 은 백 성 들 의
Wenn der Him - mel ver - schlo - ssen wird, weil sie an dir
When the heav - ens are clos - ed up, be - cause they have sin - ned,
p a tempo
37
cresc.
죄 를 인 함 이 니 만 일 저 희 죄 를 주 앞 에 다 회 개 하 면
ge - sün - dig - et ha - ben, und sie wer - den be - ten und dei - nen Na - nem be - ken - nen
have sin - ned a - gainst Thee; yet, if they pray and con - fess, con - fess Thy name, and
40
sf
p
사 랑 의 주 님 용 서 하 소 서 큰 은 혜 베 풀 어
und sich von ih - ren Sün - den be - keh - ren, so woll - est du ih - nen
turn from their sin, when Thou dost af - flict them: Then hear from heav'n, and for -
cresc.
sf
p

43
p
주 옵소서 당 신의종을도와 주 소 서
gnä - dig sein. Hilf dei-nem Knecht, o du mein Gott!
give the sin. Help, send Thy ser - vant, help, O God!
p
46
CHOR.
mf cresc. f p
큰 은혜 내 려 주옵소서 당 신 의 종을도와 주 – 소 서
So woll-est du uns gnä - dig sein, hilf dei-nem Knecht,o du mein Gott!
Then hear from heav'n and for-give the sin: Help, send Thy ser - vant, help, O God!
mf cresc. f p
큰 은혜 내 려 주옵소서 당 신 의 종을도와주 소 서
So woll-est du uns gnä - dig sein, hilf dei - nem Knecht,o du mein Gott!
Then hear from heav'n and for-give the sin: Help, send Thy ser - vant, help, O God!
46
mf cresc. f p
50
엘리야 (Bass)
Recit.
소년 (Der Knabe)
다시내려가 바다편을보 아 라 저하늘
Ge-he wie-der hin und schau-e zum Mee - re zu. Ich se-he
Go up a - gain, and still look to-ward the sea! There is
pp

53
엘리야 (Bass)
Piu animato (♩ = 80)
B
cresc.
에 아무변화가없습니다 빗 소리 혹 시 안들
nichts; die Er - de ist ei - sern un - ter mir. Rauscht es nicht als woll - te es
nothing. The earth is as i - ron un - der me. Hear - est thou no sound of
pp
p cresc.
57
f
리 나? 이상한징 조 안 보 이 나?
reg - nen? Sieh-est du noch nichts vom Mee re her?
rain? Se - est thou no - thing a - rise from the deep?
cresc.
f
60
Recit.
소년 (Der Knabe)
a tempo
엘리야 (Bass)
cresc.
안 보 입니 다 당 신의 종 의 기 도 를
Ich se - he nichts! Wen - de dich zum Ge - bet dei - nes
No; there is nothing. Have re-spect to the pray'r, to the
p
p a tempo
cresc.
Ped.
63
cresc.
들 어주 소 서 오 주 하 나
Knechts zu sei - nem Fleh'n, Herr! Herr, du mein
pray'r of Thy ser - vant, O Lord, O Lord, my

66
Recit. f
님 당 신 께 비 오 니 하 나 님 응 답 하 소
Gott! Wenn ich ru - fe zu dir, Herr mein Hort, so schwei - ge mir
God! Un - to Thee will I cry, Lord, my rock: be not silent to
69
Adagio
소 년
(Der Knabe)
서 당 신 의 자 비 를 기 억 하 소 서 저
nicht! Ge - den - ke, Herr, an dei - ne Barm - her - zig - keit! Es
me; and Thy great mer - cies, Thy mer - cies re - mem - ber, Lord! Be -
72
바 다 에 서 손 바 닥 만 한 작 은
ge - - - - het ei - ne kle - ine Wol - ke auf aus dem
hold, a lit - tle cloud a - ri - seth now from the
trem.
74
구 름 하 늘 에 오 르
Mee - re, wie ei - nes Man - - - - - nes
wa - ters: It is like a man's
sempre pp

76
cresc.
고 검 은 비 구 름 하 늘 덮 이
Hand, der Him - mel wird schwarz von Wol - ken und
hand! The hea - vens are black with clouds and with
78
어 온 하 늘 가 득 합 니
Wind, es rau - schet stär - ker und stär - - - - -
wind; The storm rusheth lou - der and loud - - - -
cresc.
81 C A tempo allegro (♩ = 144)
다
- - - - ker.
- - - - er!
백성들 (Das Volk)
f
감 사 하
Dan - - ket dem
Thanks be to
f
감 사 하
Dan - - ket dem
Thanks be to
f
감 사 하 라 주 님 의 자
Dan - - - ket dem Herrn, denn er ist freund - - - - - -
Thanks be to God for all His mer - - - - - -
fp
cresc.

84
라 주 님 의 자 비 주 님 의
Herrn, denn er ist freund - lich, denn er ist
God for all His mer - - - cies, for all His
라 주 님 의 자 비 주 님 의
Herrn, denn er ist freund - lich, denn er ist
God for all His mer - - - cies, for all His
비
lich.
cies.
84
87
자 비 감 사 하 라 감 사
freund - lich, dan - ket dem Herrn, dan - ket,
mer - cies, thanks be to God, thanks,
자 비 감 사 하 라 감 사
freund - lich, dan - ket dem Herrn, dan - ket,
mer - cies, thanks be to God, thanks,
f
감 사 하 라 주 님 의 자 비 감 사
dan - ket dem Herrn, denn er ist freund - lich, dan - ket,
Thanks be to God, for all His mer - cies, thanks,
87
Tutti
cresc.

91
Recit.
엘리야 (Bass)
감 사하
Dan - ket dem
Thanks be to
ff
감 사 하 라 주 님 의 자 비
dan - ket dem Herrn, denn er ist freund - lich.
thanks be to God for all His mer - cies.
ff
감 사 하 라 주 님 의 자 비
dan - ket dem Herrn, denn er ist freund - lich.
thanks be to God for all His mer - cies.
91
ff
95
라 주 님의 자 비 주 님의 선 하 심 이 영— 원——— 하
Herrn, denn er ist freund - lich, und sei - ne Gü - te wäh - ret — e - - - wig
God! for He is gra - cious; and His mer - cy en - du - reth for ev - - - er
95
ff
p

20. 하나님께 감사하라

20. Dank sei dir Gott

(합 창)

Allegro moderato, ma con fuoco (♩= 126)
Sopran
Alt
Tenor
Bass
Tutti
다 감 사 하 라 마 른 땅 적 셔 주 신 주
lich! Dank sei dir Gott, du — tränk - est das durst' - ge Land!
more! Thanks be to God, He — la - veth the thirs - ty land.
f
6
f
감 사 하 라 마 른 땅 적 셔 주 신 주 주 하 — 나
Dank sei dir Gott, du — tränk - est das durst' - ge Land, das durst' - ge
Thanks be to God! He — la - veth the thirs - ty land, the thirs - ty
f
감 사 하 라 — 마 른 땅 적 셔 주 신 주 주 하 — 나
Dank sei dir Gott, — du — tränk - est das durst' - ge Land, das durst' - ge
Thanks be to God! — He — la - veth the thirs - ty land, the thirs - ty
감 사 하 라 마 른 땅 적 셔 주 신 주 주 — 하 나
Dank sei dir Gott, du — tränk - est das durst' - ge Land, das — durst' - ge
Thanks be to God! He — la - veth the thirs - ty land, the — thirs - ty
6
sf

11
님 감 사하라 비를 내려주신주
Land, Dank sei dir Gott, du tränk - est das durst' ge Land,
land. Thanks be to God! He la - veth the thirs - ty land,
님 감 사하라 비를 내려주신주
Land, Dank sei dir Gott, du tränk - est das durst' - ge Land,
land. Thanks be to God! He la - veth the thirs - ty land.
sf
님 감 사 하 라 비를 내려주신주 감 사 하
Land, Dank sei dir Gott, du tränk - est das durst' - ge Land, Dank sei dir
land. Thanks be to God! He la - veth the thirs - ty land. Thanks be to
11
sf
16
sf
감사하라 감사하라
Dank sei dir Gott, Dank sei dir Gott!
thanks be to God, thanks be to God!
sf
감사하라 감사하라
Dank sei dir Gott, Dank sei dir Gott!
thanks be to God, thanks be to God!
sf
라 감사하라 감사하라
Gott, Dank sei dir Gott, sei dir Gott!
God, thanks be to God, be to God!
16
sf
ff

21
ff
저 물 줄기 넘 쳐 흐 른다
Die Was - ser-strö - me er - he - ben sich,
The wa - ters ga - ther, they rush a - long!
ff
저 물 줄기 넘 쳐 흐 른다
Die Was - ser-strö - me er - he - ben sich,
The wa - ters ga - ther, they rush a - long!
21
sf
25
소리 내며 흐 르 도다 저 물 줄기 넘 쳐
sie er - he - ben ihr Brau - sen, die Was - ser-strö - me er
they are lift - ing their voi - ces. The wa - ters ga - ther, they
소리 내며 흐 르 도다 저
sie er - he - ben ihr Brau - sen, die
they are lift - ing their voi - ces. The
25
sf

29
흐 른 다 저 물 줄 기 저 물 줄 기 넘 쳐
he - ben sich, er - he - ben sich, die Wass - er - strö - me er -
rush a - long, they rush a - long, the wa - ters ga - ther, they
저 물 줄 기 넘 쳐 흐 르 고 흐 르 도
die Was - ser - strö - me er - he - ben sich, er - he - ben
The wa - ters ga - ther, they rush a - long, they rush a -
물 줄 기 넘 쳐 흐 르 고 저 물 줄 기 넘 쳐 흐 르 고 흐
Was - ser - strö - me er - he - ben sich, die Was - ser - strö - me er - he - ben sich, er -
wa - ters ga - ther, they rush a - long, the wa - ters ga - ther, they rush a - long, they
물 줄 기 넘 쳐 흐 르 고 저 물 줄 기 넘 쳐
Was - ser - strö - me er - he - ben sich, die Was - ser - strö - me er -
wa - ters ga - ther, they rush a - long, the wa - ters ga - ther, they
29
sf
sf
33
흐 르 고 솟 구 치 도 다
he - ben sich, sie er - he - ben sich.
rush a - long see, they rush a - long.
다 저 물 줄 기 솟 구 치 도 다 저
sich, die Was - ser - strö - me er - he - ben sich, die
long, the wa - ters ga - ther, they rush a - long. the
르 도 다 감 사 하 라 마 른
he - ben sich. Dank sei dir Gott, du
rush a - long. Thanks be to God! He
흐 른 다 저 물 줄 기 넘 쳐
he - ben sich, die Was - ser - strö - me er -
rush a - long, the wa - ters ga - ther, they
33

37
감 사 하라 저 물 줄 기 넘 쳐 흐 르 고 저
Dank sei dir Gott, die Was-ser-strö - me er - he-ben sich, die
Thanks be to God, the wa-ters ga - ther,they rush a-long, the
물 줄 기 넘 쳐 흐 르 고 솟 구 친 다 감 사 하
Was - ser-strö - me er - he-ben sich, er - he-ben sich. Dank sei dir
wa - ters ga - ther,they rush a-long, they rush a-long. Thanks be to
땅 적 셔 주 신 주 저 물 줄 기 넘 쳐
trän - kest dasdurst' - ge Land; die Was-ser-strö - me er -
la - veth the thirs - ty land. The wa-ters ga - ther,they
흐 른 다 감 사 하 라 마 른 땅 적 셔 주 신
he - ben sich. Dank sei dir Gott, du trän - kest dasdrust' - ge
rush a-long Thanks be to God! He la - veth the thirs - ty
sf
41
물 줄 기 넘 쳐 흐 른 다 마 른 땅 을 적 시
Was - ser-strö - me er - he - - ben sich, du trän - kest das durst' - ge
wa - ters ga - ther, they rush a - long. He la - veth the thirs - ty
라 너 모 든 땅 아 감 사 하
Gott du trän - kest das Land, Dank sei dir
God! He la - veth the land. Thanks be to
흐 르 고 솟 구 친 다 저 물 줄 기 넘 쳐
he - ben sich, er - he - - ben sich, die Was - ser-strö - me er -
rush a - long, they rush a - long, the wa - ters ga - ther, they
주 감 사 하 라 주 님
Land, Dank sei dir, Dank sei dir
land. Thanks be to God, be to

45
며 저 물 줄기 넘쳐 흐 른다 감 사 하
Land, die Was - ser-strö - me er - he - bensich. Dank sei dir
land. The wa - ters ga - ther,they rush a-long. Thanks be to
라 주 님 께 저 물 줄기 넘쳐
Gott, sei dir Gott, die Was - ser-strö - me er -
God, thanks be to God! The wa - ters ga - ther,they
흐 른다 감 사 하 라 감 사 해
he - bensich. Dank sei dir Gott, Dank sei dir,
rush a-long! Thanks be to God! Thanks be to
께 감 사 물 줄기 넘쳐 흐 른다
Gott, Dank! die Was - ser-strö - me er - he - bensich.
God, thanks! The wa - ters ga - ther,they rush a-long.
45
49
라 너 모 든 땅 들
Gott, du tränk'st das durst' - - - ge
God! He la - veth the thirs - - - ty
흐 른 다 너 모 든 땅 들
he - - - ben sich, du tränk'st das durst' - - - ge
rush a - long. He la - veth the thirs - - - ty
감 사 하 라 너 모 든 땅 들
Dank sei dir Gott, du tränk'st das durst' - - - ge
Thanks be to God! He la - veth the thirs - - - ty
49
sf

53
f
아 저 물 은솟 구 치 며 큰 요 동 하
Land. Die Was - ser-wo - gen sind gross und brau - sen ge -
land. The stor - my bil - lows are high, their fu - ry is
f
아 저 물 은솟 구 치 며 큰 요 동 하
Land. Die Was - ser-wo - gen sind gross und brau - sen ge -
land. The stor - my bil - lows are high, their fu - ry is
53
ff
ff
57
도 다 저 물 은솟 구 치 며 큰 요 동 하
wal - tig, die Was - ser-wo - gen sind gross und brau - sen ge -
migh - ty; The stor - my bil - lows are high, their fu - ry is
도 다 저 물 은솟 구 치 며 큰 요 동 하
wal - tig, die Was - ser-wo - gen sind gross und brau - sen ge -
migh - ty; The stor - my bil - lows are high, their fu - ry is
57
ff
ff

61
도 다 요 동 하 도 다
wal - tig, brau - sen ge - wal - tig.
migh - ty, migh - ty their fu - ry.
도 다 요 동 하 도 다
wal - tig, brau - sen ge - wal - tig.
migh - ty, migh - ty their fu - ry.
61
ff
ff
65
f
위 대 하 신 높
Doch der Herr ist noch
But the Lord is a -
f
위 대 하 신 높
Doch der Herr ist noch
But the Lord is a -
f
위 대 하 신 높
Doch der Herr ist noch
But the Lord is a -
f
위 대 하 신 높
Doch der Herr ist noch
But the Lord is a - - -
65
sf
sf
sf
ff
ff

70
으 신 주 하 나 님 감 사 하
grö - sser in der Hö - - - he. Dank sei dir
bove them and al - migh - - - ty. Thanks be to
으 신 주 하 나 님 아
grö - sser in der Hö - - - he. Dank,
bove them and al - migh - - - ty. Thanks,
으 신 주 하 나 님
grö - sser in der Hö - - - he.
bove them and al - migh - - - ty.
으 신 주 하 나 님 감 사 하 라 마 른
grö - sser in der Hö - he. Dank sei dir Gott, du
bove them and al - migh - ty Thanks be to God! He
70
75
라 마 른 땅 적 셔 주 신 주 저 물 은 솟 구 치
Gott, du trän - kest das durst' - ge Land. Die Was - ser-wo - gen sind
God! He la - veth the thirs - ty land. The stor - my bil - lows are
감 사 하 라 저 물 은 솟 구 치
Dank sei dir Gott! Die Was - ser-wo - gen sind
Thanks be to God! The stor - my bil - lows are
감 사 해 감 사 하 라 저 물 은 솟 구 치
Dank sei dir Gott, dir Gott! Die Was - ser-wo - gen sind
Thanks be to God, to God! The stor - my bil - lows are
땅 적 셔 주 신 주 저 물 은 솟 구 치
trän - kest das durst' - ge Land. Die Was - ser-wo - gen sind
la - veth the thirs - ty land. The stor - my bil - lows are
75
ff

79
며 큰 요 동 하 도 다
gross, und brau - sen ge - wal - tig.
high, their fu - ry is migh - ty.
위 대
Doch der
But the
위 대 하
Doch der Herr
But the Lord
84
위 대 하 신 높 으 신 주 하 나
Doch der Herr ist noch grö - sser in der Hö -
But the Lord is a - bove them and al - migh -
하
Herr
Lord
신 높 으 신 주 하 나
ist noch grö - sser in der Hö -
is a - bove them and al - migh -

90
님 하 나 님
he, doch der Herr,
ty, but the Lord.
님 하 나 님 위 대
he, doch der Herr, doch der
ty, but the Lord. but the
님 하 나 님 위 대 하
he, doch der Herr, doch der Herr
ty, but the Lord, but the Lord
님 위 대 하
he, doch der Herr
ty, but the Lord
90
95
위 대 하 신 높 으 신 주 하 나 님
doch der Herr ist noch grö - sser in der Hö - he.
but the Lord is a - bove them and al - migh - ty.
하 신 높 으 신 주 하 나
Herr ist noch grö - sser in der Hö - - -
Lord is a - bove them and al - migh - -
신 높 으 신 주 하 나
ist noch grö - sser in der Hö - - -
is a - bove them and al - migh - -
신 높 으 신 주 하 나
ist noch grö - sser in der Hö - - -
is a - - - bove them and al - migh - -
95

100
sf
감 사 하 라 마 른 땅 적 셔 주 신 주
Dank sei dir Gott, du trän - kest das durst'-ge Land,
Thanks be to God! He la - veth the thirs - ty land.
님 감 사 하 라 땅
he. Dank sei dir Gott du
ty. Thanks be to God! He
님 감 사 하 라 마 른 땅 적 셔 주 신
he. Dank sei dir Gott, du tränkest das durst'-ge
ty. Thanks be to God! He la - veth the thirs - ty
님 아
he. Dank,
ty. Thanks,
100
f
104
감 사 하 라 너 모 든 땅 들 아 감
Dank sei dir Gott, du tränk'st das durst' - ge Land, Dank
Thanks be to God! He laveth the thirs - ty land. Thanks
을 적 셔 주 신 주 마 른 땅 아
trän - kest das durst'-ge Land, das durst' - - - ge Land,
la - veth the thirs - ty land, He la - veth the land.
주 땅 을 적 셔 주 신 주 감 사 하
Land, du tränk'st das dur - sti - ge Land, Dank sei dir
land, He la - - - veth, la - veth the land. Thanks be to
감 사 하 라 마 른 땅 아
Dank sei dir Gott, du tränk'st das Land,
thanks be to God! He laveth the land.
104

108
사 하 라 마 른 땅 적 셔
sei dir Gott, Dank, du trän - kest das
be to God! Thanks, He la - veth the
감 사 하 라 마 른 땅 적 셔
Dank sei dir Gott, Dank, du trän - kest das
Thanks be to God! Thanks, He la - veth the
라 감 사 하 라 마 른 땅 적 셔
Gott, Dank sei dir Gott, du trän - kest das
God, thanks be to God! He la - veth the
감 사 하 라 메 마 른 땅 적 셔
Dank sei dir Gott, du tränk'st, du trän - kest das
Thanks be to God! He la - veth, He la - veth the
108
112
주 신 주 감 사 하 라 주
durst' - - ge Land, Dank sei dir Gott, dir
thirs - - - ty land. Thanks be to God, to
주 신 주 주 께 감 사 하
Land, das durst' - ge Land, Dank sei dir
land, the thirs - - ty land. Thanks be to
주 신 주 주 께
Land, das durst' - ge Land,
land, the thirs - - ty land.
주 신 주 감
durst' - - ge Land, Dank,
thirs - - - ty land. Thanks,
112

116
께 감 사 하 라 주 께
Gott, Dank sei dir Gott, dir Gott,
God, thanks be to God, to God,
라 감 사 하 라 감 사 하
Gott, Dank sei dir Gott, Dank dir
God. thanks be to God, thanks to
감 사 하 라 감 사 하 라
Dank sei dir Gott, Dank sei dir Gott,
Thanks be to God, thanks be to God,
사
Dank,
thanks,
116
120
다 감 사 하 라 저 물 줄 기 넘 쳐
Dank sei dir Gott, Dank! Die Was-ser-strö-me er-
thanks be to God, thanks! The wa-ters ga-ther, they
라 감 사 하 라
Gott, Dank sei dir Gott!
God, thanks be to God!
감 사 하 라 하 라 저 물 줄 기 넘 쳐
Dank sei dir Gott, dir Gott! Die Was-ser-strö-me er-
thanks be to God, to God! The wa-ters ga-ther, they
감 사 하 라
Dank sei dir Gott!
thanks be to God!
120
ff

124
흐 른다 저 물 줄 기 넘 쳐 흐 른 다 소
he - ben sich, die Was - ser-strö - me er - he - ben sich, er -
rush a - long, the wa - ters ga - ther, they rush a - long, they
흐 른 다 저 물 줄 기 넘 쳐 흐 른 다 소
he - ben sich, die Was - ser-strö - me er - he - ben sich, er -
rush a - long, the wa - ters ga - ther, they rush a - long, they
124
ff
127
리 내 며 솟 구 친 다
he - ben sich, er - he - ben sich.
rush a - long, they rush a - long.
리 내 며 솟 구 친 다
he - ben sich, er - he - ben sich.
rush a - long, they rush a - long.
127
ff

131
ff
감 사 하 라 온 땅 적 셔 주 신 주
Dank sei dir Gott, du trän - kest das durst' - ge Land,
Thanks be to God, He la - veth the thirs - ty land!
감 사 하 라 온 땅 적 셔 주 신 주
Dank sei dir Gott, du trän - kest das durst' - ge Land,
Thanks be to God, He la - veth the thirs - ty land!
ff
감 사 하 라 온 땅 적 셔 주 신 주 감
Dank sei dir Gott, du trän - kest das durst' - ge Land, Dank,
Thanks be to God, He la - veth the thirs - ty land! Thanks
131
ff
135
감 사 하 라 땅 을 적 셔 주 신 주
Dank sei dir Gott, du trän - kest das durst' - ge Land.
Thanks be to God, He la - veth the thirs - ty land!
아 땅 을 적 셔 주 신 주
Dank, du trän - kest das durst' - ge Land.
Thanks, He la - veth the thirs - ty land!
사 하 라 땅 을 적 셔 주 신 주
sei dir Gott, du trän - kest das durst' - ge Land.
be to God, He la - veth the thirs - ty land!
135

ZWEITER TEIL

21. 들으라 이스라엘아

21. Höre, Israel

영창(소프라노)

Adagio (♪ = 80)
p
sf
sf
p
6
Sopran Solo
cresc.
들으라 이스라엘 주 여호와의 음 성 주가주 신
Hö - re, Is - ra-el, hö - re des Herrn Stim - me! Ach, — dass du
Hear ye, Is - ra-el, hear what the Lord speak-eth! Oh, — hadst thou
p
p
cresc.
11
계 — 명 너 기 억 하 여 라 들으라 이스라엘
merk - test, merk - test auf sein Ge - bot! Hö - re. Is - ra-el,
heed - ed, heed - ed my com - mandments! Hear ye, Is - ra-el,
cresc.
fp
16
주 여 호 와 의 음 성 너 기 억 하 — 라 주 님 의 계 명
hö - re des Herrn Stim - me! Ach, dass du merk - test, merk - test auf sein Ge -
hear what the Lord speak-eth! Oh hadst thou heed - ed, heed - ed my com -
p
p

21
cresc.
을 주 님 의 계 명 너 기 억 하 여 라 너 기 억
bot, ach, dass du merk-test, merk-test auf sein Ge-bot, ach, dass du
mandments, Oh hadst thou heed-ed, heed - ed my com-mandments, oh, hadst thou
cresc.
f
p
26
하 라 주 의 계 명 누 가 우 리 의 말 을 믿 나 뉘
merk-test auf sein Ge-bot! Ab-er wer glaubt uns'-rer Pre-digt? und
heed - ed my com-mandments! Who hath be-lieved our re-port? to
pp
sf
p
sf
31
cresc.
f
게 나 타 나 려 나 열 려 진 하 나 님 의 품
wem wird der Arm des Herrn, der Arm des Herrn ge-of-fen-bart?
whom is the arm, the arm of the Lord, re - vealed? to
cresc.
sf
f
p
36
p
pp
누 구 에 게 열 려 지 게 되 리 들 으 라
wem wird der Arm des Herrn ge-of-fen-bart? Hö-re,
whom is the arm, the arm of the Lord re-vealed? Hear ye,
sf
dim.
p
pp

41
cresc.
f
이스 라엘 들으 라 이스 라엘 들으 라 이스 라엘
Is - ra-el, hö - re, Is - ra-el, hö - re, Is - ra-el,
Is - ra el: hear ye, Is - ra-el! hear ye, Is - ra-el,
sf
cresc.
46
주 여 호 와 의 음 성 주 님 의 계 — 명 - 너 는 기 억 하
hö - re des Herrn Stim - me! Ach, dass du merk - test auf — sein — Ge -
hear what the Lord speak-eth! Oh, hadst thou heed - ed, heed-ed my — com -
p
cresc.
51
f
cresc.
p
라 주 님 의 계 — 명 - 너 — 는 — 기 억 하 여
bot, ach, dass du merk - test, merk - test — auf — sein Ge -
mandments! Oh, hadst thou heed - ed, Oh, — hadst thou heed-ed my com -
56
라 들으 라 이스 라엘
bot! Hö - re, Is - ra-el,
mandments! Hear ye, Is - ra-el,
pp

61
Piu adagio
dim.
이스 라엘 들 으 라 주 님 의 음 성
Is - ra-el, hö - - - - - re des Herrn Stim - me!
Is - ra-el! hear what the Lord speak - eth!
66
Recit.
이스 라 엘 의 구 속 자 말 하 노 라 거 룩 한 몸 이
So spricht der Herr, der Er-lö-ser Is - ra-el's, sein Hei-li-ger zum
Thus saith the Lord, the redeemer of Is - ra-el and his Ho-ly one to
pp
사 41:10
Allegro maestoso
(♩= 132)
69
cresc.
f
sf
악 한 무 리 에 게 고 난 을 당 하 리 라 내
Knecht der un-ter den Ty-ran-nen ist, so spricht der Herr: Ich,
him op-press-ed by ty - rants, thus saith the Lord: I,
cresc.
cresc.
sf
ff
72
sf
너 희 위 로 하 리 라 두 려 워 말 아 라 내 너 희
ich bin eu-er Trö - ster. Wei-che nicht, wei-che nicht, denn
I am He that com - fort-eth! be not a-fraid, be not a-fraid, for
ff
p
sf

77
sf
sf
하 나 님 이 라 내 너 희 위 로 하 리
ich — bin dein Gott! Ich, ich bin eu - er Trö - - -
I — am thy God! I, I am He that com - fort -
p
cresc.
sf
f
sf
p
82
라 두 려 워 말 아 라 내 가 너 희 를 강 하 게 하 —
ster. Wei - che nicht, wei - che nicht, denn – ich — bin dein – Gott, ich —
eth! be not a - fraid, be not a - fraid, for — I — am thy — God! I will
p
87
cresc.
f
리 로 — 다 너 희 는 두
stär - ke — dich, wei - - - - - - - che nicht, ich
strength - en — thee; I, the Lord will
cresc.
p
92
cresc.
려워 말라 나 는 너 의
stär - ke dich, ich bin dein Gott,
strength - en thee! for I, thy God,
f
p
cresc.

97
f
주 하 나 님 여 호 와 라 사 람 을 두
ich stär - ke dich! Wer bist du denn, wer bist du denn,
will strength - en thee! Say, who art thou? Say, who art thou, that
f p f p
102
려 워 말 며 죽 음 을 두 려 워 말 지 라 너 는
dass du dich vor Men - schen fürch - test, die doch ster - ben? und ver-
thou art a - fraid of a man that shall die? and for-
cresc.
sf
p
107
p
cresc.
잊 었 도 다 널 만 드 시 고 푸 른
gis - sest des Herrn, der dich ge - macht hat, der den
get - test the Lord, the Lord thy Ma - ker, who hath
pp
cresc.
112
cresc.
하 늘 만 드 신 넓 은
Him - mel aus - - brei - - - - tet und die
stretch - ed forth the hea - - - - vens, and laid the
p
sf p

117
땅 을 창 조 하 신 하 나 님
Er - de grün - det, die Er - de grün - - - det.
earth's foun - da - tions, the earth's foun - da - - - - tions,
cresc.
f
122
f
sf
sf
잊 지 말 라 내 너 를 위 로 하 리
wer bist du denn? Ich, ich bin eu - er Trö - - -
Say, who art thou? I, I am He that com - fort -
sf
ff
ff
p
127
sf
라 두 려 워 말 아 라
ster. Wei - che nicht, wei - che nicht,
eth! Be not a - fraid, be not a - fraid,
cresc.
132
너 의 하 나 님 이 라 두 려
denn ich, ich bin dein Gott, wei - che
for I, I am thy God! Be not a -
p

137
워 말 — 아 라 내 — 가 너 의 하
nicht, wei - che nicht, denn — ich
fraid, be not a - fraid, I, — I
cresc.
142
나 님 이 라 두 려 워 말 아
bin dein — Gott, wei - che nicht, wei - che
am thy — God! Be not afraid, be not
147
라 내 너 를 강 하 게 —
nicht, denn ich bin dein — Gott, —
afraid, for I, thy — God, —
cresc.
153
하 리 로 다
ich stär - ke dich!
will strength - en thee!
attacca

22. 두려워 말라

22. Fürchte dich nicht

(합 창)

사 41:10

Allegro maestoso ma moderato (♩ = 112)
Sopran
Alt
Tenor
Bass
PIANO
두 려워 말 라 말 하 신 주 늘 언 제 나 함 께 하
Für - chte dich nicht, spricht un - ser Gott, für - chte dich nicht, ich bin mit
Be not a - fraid, saith God the Lord, be not a - fraid; thy help is
Ped.
리 두 려워 말 라 두 려워 말
dir. Für - chte dich nicht, für - chte dich
near. Be not a - fraid, be not a -
두 려워 말 라 함 께 하 리 두 려워 말
Für - chte dich nicht, ich bin mit dir, für - chte dich
Be not a - fraid, thy help is near, be not a -
리 두 려워 말 라 내 가 너 와 함 께 하 리
dir. Für - chte dich nicht, ich bin mit dir, ich, ich bin mit
near. Be not a - fraid; thy help is near, help, thy help is
두 려워 말 라 두 려워 말
Für - chte dich nicht, für - chte dich
Be not a - fraid, be not a -

9
라 내 가 너 와 내 가 너 와 함 께 하 리
nicht, ich bin mit dir, ich bin mit dir, ich bin mit dir,
fraid; thy help is near, thy help is near, thy help is near,
라 내 가 너 와 내 가 너 와 함 께 하 리 내
nicht, ich bin mit dir, ich bin mit dir, ich bin mit dir, ich
fraid; thy help is near, thy help is near, thy help is near, thy
라 너 와 내 가 너 와 함 께 하 리
dir, mit dir, ich bin mit dir, ich bin mit dir,
near, thy help, thy help is near, thy help is near,
라 내 가 너 와 내 가 너 와 함 께 하 리 내 가 너
nicht, ich bin mit dir, ich bin mit dir, ich bin mit dir, ich hel - fe
fraid; thy help is near, thy help is near, thy help is near, thy help is
9
13
두 려워 말 라 내 가 너 를 도 우 리 라 두 려워 말
für - chte dich nicht, ich hel - fe dir, ich hel - fe dir für - chte dich
Be not a - fraid, thy help is near, thy help is near, be not a -
너 를 도 우 리 두 려워 말 라 내 가 너
hel - fe, hel - fe dir, für - chte dich nicht, ich hel - fe
help, thy help is near, be not a - fraid, thy help is
내 가 너 를 도 우 리 라 내 가 너
ich hel - fe dir, ich hel - fe dir ich hel - fe
thy help is near, thy help is near, thy help is
를 도 우 리 라 두 려워 말 라 두 려워 말 라 내 가 너
dir, ich hel - fe dir für - chte dich nicht, für - chte dich nicht, ich hel - fe
near, thy help is near, be not a - fraid, be not a - fraid, thy help is
13

17
라 하 나 님 이 말 하 신 다
nicht, für - chte dich nicht, spricht un - ser Gott.
fraid, be not a - fraid; thy help is near.
를 도 우 리 라 말 하 신 다
dir, ich hel - fe dir, spricht un - ser Gott.
near, thy help is near, thy help is near.
를 도 우 리 라 말 하 신 다
dir, ich hel - fe dir, spricht un - ser Gott.
near, thy help is near, thy help is near.
17
ff
21
f
두 려워 말라 하 나 님 이 두 려워 말
Für - chte dich nicht, spricht un - ser Gott, für - chte dich
Be not a - fraid, saith God the Lord, be not a-
f
두 려워 말라 하 나 님 이 두 려워 말
Für - chte dich nicht, spricht un - ser Gott für - chte dich
Be not a - fraid, saith God the Lord, be not a-
두 려워 말라 두 려워 말라 하 나 님 이 두 려워 말
Für - chte dich nicht, für - chte dich nicht, spricht un - ser Gott, für - chte dich
Be not a - fraid, be not a - fraid, saith God the Lord, be not a-
21
sf
f

25
라 말 하 신 다 내 가 너 를 도 우 리 라 내
nicht, spricht un - ser Gott, ich hel - fe dir, ich hel - fe dir, denn
fraid, saith God the Lord, thy help is near, thy help is near, God,
너 를 도 우 리 라
fe dir, ich hel - fe dir,
is near, thy help is near.
라 말 하 신 다 내 가 너 를 도 우 리 라
nicht, spricht un - ser Gott, ich hel - fe dir, ich hel - fe dir,
fraid, saith God the Lord, thy help is near, thy help is near.
라 말 하 신 다 내 가 너 를 도 우 리 라 내
nicht, spricht un - ser Gott, ich hel - fe dir, ich hel - fe dir, denn
fraid, saith God the Lord, thy help is near, thy help is near. God the
25
tr
sf
29
가 너 희 의 하 나 님 이 로 다 두
ich bin der Herr dein Gott, der zu dir spricht: Für -
the Lord thy God say - thy un - to thee: "Be
내 가 너 희 의 하 나 님 이 로 다
denn ich bin der Herr dein Gott, der zu dir spricht:
God, the Lord thy God say - eth un - to thee:
내 가 너 희 의 하 나 님 이 로 다
denn ich bin der Herr dein Gott, der zu dir spricht:
God, the Lord thy God say - eth un - to thee:
가 너 희 의 하 나 님 이 로 다
ich bin der Herr dein Gott, der zu dir spricht:
Lord, thy God say - eth un - to thee:
29
sf

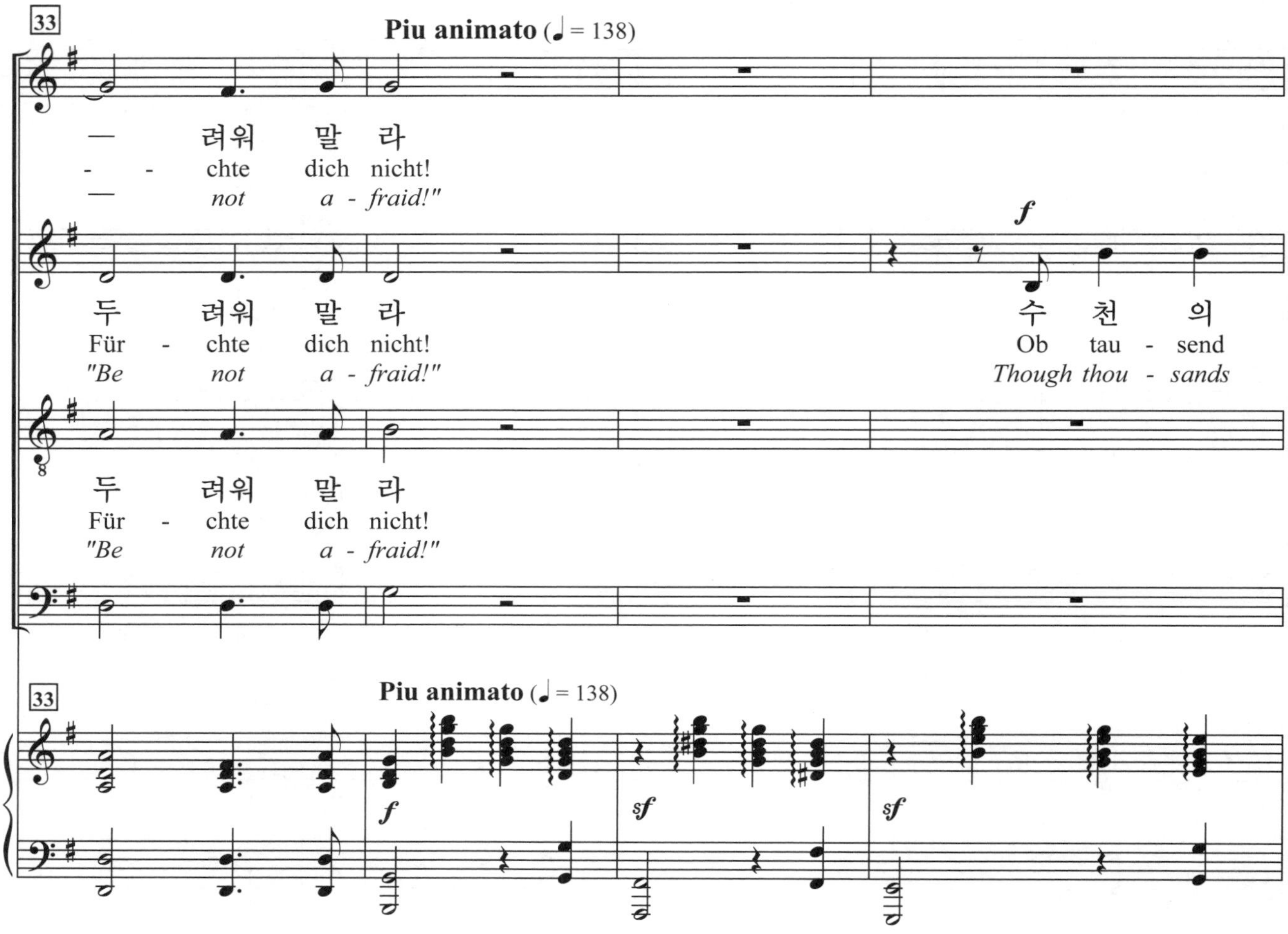
33
Piu animato (♩ = 138)
— 려워 말 라
- - chte dich nicht!
— not a - fraid!"
f
두 려워 말 라 수 천 의
Für - chte dich nicht! Ob tau - send
"Be not a - fraid!" Though thou - sands
두 려워 말 라
Für - chte dich nicht!
"Be not a - fraid!"
33
Piu animato (♩ = 138)
f
sf
sf

37
f
수 천 의
Ob tau - send
Though thou - sands
사 람 들 널 버 리 고 수 만 의 사 람 떠 날 지 라 도 수
fal - len zu dei - ner Sei - te und ze - hen - tau - send zu dei - ner Rech - ten, ob
lan - guish and fall be - side thee, and tens of thou - sands a - round thee per - ish, though
37
simile
f

41
사 람 들 널 버 리 고 수 만 의 사 람 떠 날 지 라 도 수
fal - len zu dei - ner Sei - te und ze - hen - tau - send zu dei - ner Rech - ten, ob
lan - guish and fall be - side thee, and tens of thou - sands a - round thee per - ish, though
천 의 수 만 의 사 람 너 를 버
tau - send, ob tau - send fal - len zu dei - ner
thou - sands, though thou - sands lan - guish and fall be -
f
수 천 의
Ob tau - send
Though thou - sands
41
45
천 의 사 람 버 리 고 수 천 의
tau - send ob tau - send fal - len, ob tau - send,
thou - sands, though thou - sands lan - guish, though thou - sands
리 고 수 천 의 사 람 너
Sei - te, ob tau - send fal - len zu
side thee, though thou - sands lan - guish and
수 천 의
Ob tau - send
Though thou - sands
사 람 들 널 버 리 고 수 만 의 사 람 떠 날 지 라 도 떠
fal - len zu dei - ner Sei - te und ze - hen - tau - send zu dei - ner Rech - ten, ob
lan - guish, and fall be - side thee, and tens of thou - sands a - round thee per - ish, though
45

49
사 람 수 천 의 사 람 수 천 의
tau - send, ob tau - send fal - - - - - - len, ob tau - send
lan - guish, though thou-sands lan - - - - - guish, though thou-sands
를 버 리 고 수 만 의 사 람 떠 날 지
dei - ner Sei - - - - - te und ze - hen - tau - send zu dei - ner
fall be - side thee, and tens of thou-sands a - round thee
사 람 들 널 버 리 고 수 만 의 사 람 떠 날 지 라 도 떠
fal - len zu dei-ner Sei - te und ze - hen - tau - send zu dei - ner Rech - - - - ten, zu
lan-guish and fall be - side thee, and tens of thou-sands a - round thee per - - - - ish, a -
날 지 라 도 수 많 은 사
tau - - - - send fal - - - len zu - dei - ner Sei - - - - - - -
thou - - - - sands lan - guish and fall be - side
49
53
사 람 들 널 버 리 고 수 천 의
fal - len zu dei-ner Sei - te, ob tau - send
lan-guish and fall be - side thee, though thou-sands
라 도 수 천 의 사 람 들 널 버 리 고
Rech-ten, ob tau - send fal - len zu dei - ner Sei - - - - - te,
per - ish, though thou-sands lan-guish and fall, and fall be -
날 지 라 도 수 천 의 사 람 들 널 버 리 고
dei - - - - ner Rech-ten, ob tau - send fal - len zu dei - ner Sei - - - te,
round thee per - ish, tho' thou-sands lan-guish and fall be - side thee,
람 들 널 버 리 고 수 천 의 사 람 들 널 버
- - te, zu dei-ner Sei - te, ob tau - send fal - len zu dei - ner
thee, and fall be - side thee, though thou-sands lan-guish and fall be -
53

57
사 람 들 널 버 리 고 수 만 의 사 람 떠 날 지 라 도
fal - len zu dei - ner Sei - te und ze - hen - tau - send zu dei - ner Rech - ten,
lan-guish and fall be - side thee, and tens of thou-sands a-round thee per - ish,
가 고 수 만 의 사 람 떠 날 지 라 도 수 만 의
fal - - - len, und ze - hen - tau - send zu dei - ner Rech - ten, und ze - hen-
side thee, and tens of thou-sands a-round thee per - ish, and tens of
수 천 의 사 람 들 널 버 리 고 수 만 의
ob tau - send fal - len und ze - hen - tau - - - send, und ze - hen-
though thou-sands lan-guish, and tens of thou - sands, and tens of
리 고 수 만 의 사 람 떠 날 지 라
Sei - - - te, und ze - hen - tau - send zu dei - ner Rech - - - - -
side thee, and tens of thou-sands a-round thee per - - - - -
57
61
수 천 의 사 람 들 널 버 리
ob tau - send fal - len zu dei - ner Sei - - - - - -
though thou-sands lan-guish and fall be - side
사 람 떠 날 지 라 도 수 천 의 수 천 의
tau - send zu dei - ner Rech - ten, ob tau - - send, ob tau - send
thou-sands a-round thee per - ish, a - round thee, though thou-sands
사 람 떠 날 지 라 도 수 천 의 사 람 들 널 버
tau - send ze dei - ner Rech - ten, ob tau - send fal - len zu dei - ner
thou-sands a-round thee per - ish, though thou-sands lan-guish and fall be -
도 떠 날 지 라 도 수 천 의 사 람 들
- - ten, zu dei - ner Rech - ten, ob tau - send fal - - len zu
- - ish, a-round thee per - ish, though thou - sands lan - guish and
61

65
고 수 천 의 사 람 모 두 떠 나 고, 아 무 도 없 을 지
te. ob tau - send fal - len zu dei - ner Sei - - - te, so wird es doch dich nicht
thee, though thou-sands lan-guish and fall be - side thee, yet still it shall not come
사 람 들 널 버 리 고 모 두 떠 나 고, 아 무 도 없 을 지
fal - len zu dei - ner Sei - te, zu dei - ner Sei - - - te, so wird es doch dich nicht
lan-guish and fall be - side thee, and fall be - side thee, yet still it shall not come
리 고 모 두 떠 나 고, 아 무 도 없 을 지
Sei - - - - - - te, ob tan - send fal - len, so wird es doch dich nicht
side thee, though thou-sands lan-guish and fall; It shall not come
널 버 리 고 아 무 도 없 을 지
dei - - ner Sei - - - - - - te, so wird es doch dich nicht
fall be - side thee, yet still it shall not come
65
69
라 도 수 천 의 사
tref - - - - - - - - - - fen, ob tau - send fal -
nigh thee; Though thou-sands lan -
라 도 수 천 의 사 람 들 널 버
tref - - fen, ob tau - send fal - len zu dei - ner
nigh thee, Though thou-sands lan - guish and fall be -
라 도 수 천 의 사 람 들 널 버 리
tref - - fen, ob tau - send fal - len zu dei - ner Sei -
nigh thee; Though thou-sands lan - guish and fall be - side
라 도 수 천 의 사 람 들 널 버 리 고, 아
tref - - fen, ob tau - send fal - len zu dei - ner Sei - - - te, so
nigh thee; Though thou-sands lan - guish and fall be - side thee, yet
69

73
一 람 들 널 버 리 고 모 두 떠 나 고 아
- len zu dei - ner Sei - - te, ob tau - send fal - - - - - len, so
- guish and fall be - side thee, Thou thou-sands lan - - - - guish, yet
리 고 수 천 의 사 람 들 널 버 리 고
Sei - - - - - te, ob tau - send fal - len zu dei - ner Sei - te,
side thee, Though thou-sands lan - guish and fall be - side thee,
一 고 너 를 버 리 고 수 천 의 사
- te, zu dei - ner Sei - - - - - - te, ob tau - send fal -
— thee, and fall be - side thee, Tho' thou-sands lan -
무 도 없 을 지 라 도 다 떠 나 가 고 아
wird es doch dich nicht tref - fen, ob tau - send fal - len, so
still it shall not come nigh thee; Though thou-sands lan - guish, yet
77
f
무 도 없 을 지 라 도 두 려워 말 라
wird es doch dich nicht tref - fen. Für - chte dich nicht,
still it shall not come nigh thee. Be not a - fraid!
f
一 람 들 널 버 려 도 두 려워 말 라
- - len zu dei - ner Sei - te. Für - chte dich nicht,
- guish and fall be - side thee. Be not a - fraid!
f
무 도 없 을 지 라 도 두 려워 말 라 두 려 워
wird es doch dich nicht tref - fen. Für - chte dich nicht, für - chte dich
still it shall not come nigh thee. Be not a - fraid! Be not a -
sf
sf

81
rit.
두 려워 말 라
für - chte dich nicht!
Be not a - fraid!
rit.
f
두 려워 말 라
für - chte dich nicht!
Be not a - fraid!
두 려워 말 라
Für - chte dich nicht,
Be not a - fraid,
말 라
nicht, nicht!
fraid, a - fraid!
두 려워 말 라
Für - chte dich nicht,
Be not a - fraid,
81
f
rit.
ff
85
Tempo I (♩ = 112)
f
두 려워 말 라 내 가 너 와
Für - chte dich nicht, ich bin mit dir,
Be not a - fraid, thy help is near,
두 려워 말 라 내 가 너 와 내 가
Für - chte dich nicht, ich bin mit dir, ich bin
Be not a - fraid, thy help is near, for He
f
두 려워 말 라 내 가 너 와 함 께 하
für - chte dich nicht, ich bin mit dir, für - chte dich
be not a - fraid, thy help is near. Be not a -
두 려워 말 라 내 가 너 와 함 께 하
für - chte dich nicht, ich bin mit dir, für - chte dich
be not a - fraid, thy help is near Be not a -
85
Tempo I (♩ = 112)
ff

89
— 함 께 하 리 두 려워 말 라 내 가 너 와 함 께 하
— ich bin mit dir, für - chte dich nicht, ich hel - fe dir, für - chte dich
— for He is near, be not a - fraid, thy help is near, be not a -
— 너 를 도 우 리 니 도 우
— mit dir, ich hel - - - - - - - fe dir, ich hel - -
— is near, thy help is near, thy help
리 함 께 하 리 두 려워 말 라
nicht, ich bin mit dir, für - chte dich nicht,
fraid, for He is near, be not a - fraid,
리 함 께 하 리 내 가 너 와 항
nicht, ich bin mit dir, ich bin der Herr dein
fraid, for He is near, thy God, the Lord thy
89
93
리 내 가 너 와 함 께 하 리 로 다 내
nicht, ich bin mit dir, mit dir, für - chte dich nicht, ich
fraid, for He is near, is near, be not a - fraid, thy
리 니 두 려워 말 라 도 우
- - - - - fe dir, für - chte dich nicht, ich hel -
is near, be not a - fraid, thy help
두 려워 말 라 두 려워 말 라 도
für - chte dich nicht, für - chte dich nicht, ich
be not a - fraid, be not a - fraid, thy
상 함 께 하 리 두 려워 말 라 도
Gott, der zu dir spricht: für - chte dich nicht, ich
God, saith un - to thee; Be not a - fraid, thy
93

97
가 너 를 도 우 리 라 내 가 너 를 도 우 리
hel - fe dir, für-chte dich nicht, ich hel - fe dir, für-chte dich
help is near, Be not a - fraid, thy help is near, Be not a -
—리 니 두 려워 말 라 내 가 너 를 도 우 리 라 두
- fe dir, für - chte dich nicht, ich hel - fe dir, für-chte dich nicht, ich
— is near; Be not a - fraid, for He is near; Be not a - fraid, thy
우 —— 리 라 두 려워 말 라 내 가 너 를
hel - fe dir, für - chte dich nicht, ich hel - fe dir,
help —— is near, Be not a - fraid, for He is near;
우 리 라 두 려워 말 라
hel - fe dir, für - chte dich nicht,
help is near, be not a - fraid,
97
101
라 두 려워 말 라 두 려워 말 라 내 가 너 를 도
nicht, ich bin mit dir, für-chte dich nicht, für-chte dich nicht, ich
fraid, for He is near; Be not a - fraid, Be not a - fraid, thy
려워 말 라 두 려워 말 라 —— 도 우—
bin mit dir, für - chte dich nicht, —— ich hel -
help is near, Be not a - fraid, —— thy help —
도 우 리 라 두 려워 말 라 —— 내 가 너 를 도
für - chte dich nicht, ich hel - fe dir, —— für-chte dich nicht, ich
be not a - fraid, thy help is near, —— Be not a - fraid, thy
두 려워 말 라 두 려워 말 라 널 도
für - chte dich nicht, für - chte dich nicht, ich, ich
Be not a - fraid, Be not a - fraid, thy ——
101

105
ff
우 리 라 두려워 말 라 두려워 말 라
hel - fe dir, Für - chte dich nicht, für - chte dich nicht,
help is near. Be not a - fraid, be not a - fraid,
— 리 라
- - fe dir.
— is near.
ff
우 —— 리 라 두 려워 말 라 두 려워 말 라
hel - fe dir. Für - chte dich nicht, für - chte dich nicht,
help —— is near. Be not a - fraid, be not a - fraid,
우 리 라
hel - fe dir.
help is near.
105
ff
111
내 가 너 를 도 우 리 라 말 하 신 다
ich bin mit dir, ich hel - fe dir, spricht un - ser Gott.
thy help is near, be not a - fraid, saith God the Lord.
내 가 너 를 도 우 리 라 말 하 신 다
ich bin mit dir, ich hel - fe dir, spricht un - ser Gott.
thy help is near, be not a - fraid, saith God the Lord.
111

23. 하나님께서 너를 세우사

23. Der Herr hat dich erhoben

서창(베이스−Elias, 알토−Die Konigin) & 합창

Andante (♩ = 72)
Recit. 엘리야 (Bass)
하 나 님 께 서 너 를 세 우
Der Herr hat dich er - ho - ben aus dem
The Lord hath ex - alt - ed thee from among the
pesante marcato
f
4
Recit.
사 이 스 라 엘 의 왕 이 되 게 하 셨 다 그 러
Volk, und dich zum Kö - nig ü - ber I - sra - el ge - setzt. A - ber
people, and o'er his peo - ple Is - ra - el hath made thee King. But
f
f Tempo
7
나 아 합 네 가 행 하 였 던 모 든 것 이 다 악 한 것 뿐 이 라
du, Ah - ab, hast Ue - bel ge - than Ü - ber al - le, die vor dir ge - we - sen sind.
thou, A - hab, hast done evil to pro-voke Him to an - ger, above all that were be - fore thee:
f Recit.
sf
f
10
그 옛 날 너 희 조 상 여 로 보 암 이 잘 못 해 서 지 은 죄 처 럼
Es war dir ein Ge - rin - ges, dass du wan - del-test in der Sün - de Je - ro - be-am's,
as if it had been a light thing for thee to walk in the sins of Je - ro - bo - am.
pp
cresc.
f

13
바 알 신 을 섬 겼 으 니 이 스 라 엘 의 하 나 님 이 노 하 셨 다
und mach-test dem Baal ei-nen Hain, den Herrn, den Gott Is - ra - el's zu er - zür - nen,
Thou hast made a grove, and al - tar to Baal, and serv'd him and wor-shipp'd him.
p
cresc.
f
16
sf cresc.
cresc.
a tempo
너 는 죽 게 되 고 네 소 유 는 빼 기 리 라 이 제
du hast todt ge-schla-gen und frem-des Gut ge-nom-men! Und der
Thou hast killed the right-eous, and al - so taken po - sses - sion. And the
p sf sf p
f sf sf
19
부 터 이 스 라 엘 은 물 에 떠 가 는 갈 대 처 럼 정 처
Herr wird Is - ra - el schla-gen, wie ein Rohr im Was - ser be - wegt wird, und wird
Lord shall smite all Is - rael as a reed is sha-ken in the wa - ter, and
pp
23
cresc.
없 이 흘 러 가 리 로 다 너 희 죄 때 문 이 로
Is - ra - el ü - ber - ge - ben, um eu - rer Sün - de wil - - -
He shall give Is - ra - el up, and thou shalk know He is the
cresc.
dim.
pp

27
A
왕후 (Alt)
p
다
len.
Lord.
들 었 느 뇨
Habt ihr's ge - hört,
Have ye not heard,
f
pp
31
우 리 를 저 주 한 저 엘 리야 의말
wie er ge - weis - sagt hat wi - derdie - ses Volk?
heard he hath pro - phe-sied a - gainst all Is - ra-el?
CHOR
우
Wir
We
CHOR p cresc.
우 리 가 들 었
Wir ha - ben es ge -
We heard it with our
CHOR p cresc.
우 리 가 들 었
Wir ha - ben es ge -
We heard it with our
CHOR p cresc.
우 리 가 들 었 소
Wir ha - ben es ge - hört!
We heard it with our ears.
31
p
cresc.

34
cresc.
리 가 들 었 소
ha - ben es ge - hört!
heard it with our ears.
Solo 왕후 (Alt)
cresc.
소
hört!
ears.
이스 라 엘 왕 에 게 저 주 한 예— 언 을 들 었 소
Wie er ge wei - ssagt hat wi - der den Kö - nig in Is - ra - el?
Hath he not pro - phe - sied al so a - gainst the King of Is - ra - el?
소
hört!
ears.
cresc.
우
Wir
We
34
pp cresc.
sf
37
cresc.
f
우 리 가 들 었 소
Wir ha - ben es ge - hört!
We heard it with our ears.
CHOR
cresc.
Solo
f 왕후 (Alt)
우 리 가 들 었 소
Wir ha - ben es ge - hört!
We heard it with our ears.
왜 하 나 님 이 름 으 로
Wa - rum darf er wei - ssa - gen im
And why hath he spo - ken in the
우 리 가 들 었 소
Wir ha - ben es ge - hört!
We heard it with our ears.
리 가 들 었 소
ha - ben es ge - hört!
heard it with our ears.
37
Recit.
cresc.
f
ff

40
저 주했 나 이 이 스 라 엘 나 라 의 권 세 보 다 만 약 에 그
Na - men des Herrn? Was wä-re für ein Kö - nig-reich in Is - ra - el, wenn E - li - as
Name of the Lord? Doth A - hab go - vern the Is - ra - el, while E - li - jah's
f
sf
43
나 라 의 권 세 가 크 다 면 그 저 주 이 루 어 지
Macht hät - te ü - ber des Kö - nigs Macht? Die Gött - er thun mir dies und
pow'r is gre - ater than the Kings? The gods do so to me, and
p
f
46 Allegro moderato (♩ = 100)
니 서 둘 러 하 루 가 가 기 전 그 를 죽 이
das, wenn ich nicht mor - gen um die - se Zeit sei - ner See - le
more, if by to - mor - row a - bout this time, I make not his
sf
cresc.
pp a tempo
p
49
리 라 기 손 의 시 냇 가 에 피 흘 려 죽 었 던 선 지 자
thu - e, wie die-ser See - len ei - ner, die er ge - o - pfert hat am Ba - che
life as the life of one of them whom he hath sac - ri - fic'd at the brook of
cresc.
pp

52
f
그 는 죽 어 마 땅 하 리
Er muss ster - ben, er muss ster - - - ben,
He shall per - ish! He shall per - - - ish!
f CHOR
처 럼
Ki - son.
Ki - shon.
f
그 는 죽 어 마 땅 하 리
Er muss ster - ben, er muss ster - - - ben,
He shall per - ish! He shall per - - - ish!
f
하 리
52
f staccato
ff
55
마 땅 하 리
er muss ster - ben!
He shall per - ish!
Recit.
Solo
죽 어 마 땅 하 리 바 알 선 지 자 를 죽 인 그 는
ster - - - ben, er muss ster - ben! Er hat die Pro - phe - ten Baal's getöd - tet.
per - - - ish! He shall per - ish! Hath he not de - stroy - ed Baal's pro - phets?
마 땅 하 리
er muss ster - ben!
He shall per - ish!
55

58
Tempo
ff CHOR
죽 으 리 라
Er muss ster - ben!
He shall per - ish!
f Tempo
그 들 죽 인 자
Er hat sie er - würgt.
He de-stroy'd them all.
Recit.
Solo
그 는 선 지 자 죽 인 자
Er hat sie mit dem Schwert er - würgt.
Yea, by sword he destroy'd them all.
ff
f
죽 으 리 라
Er muss ster - ben!
He shall per - ish!
그 들 죽 인 자
Er hat sie er - würgt.
He de-stroy'd them all.
58 Tempo
Tempo
ff
f
61
f Tempo
하 늘 을 닫 아 버 린 자
Er hat den Him-mel ver-schlos - sen.
He al - so clo - sed the hea - vens,
Recit.
Solo
하 늘 을 닫 아 버 린 자
Er hat den Him-mel ver-schlos - sen.
He al - so clo - sed the hea - vens,
Recit.
Solo
우 리 를 기 근 에
Er hat die theu - re Zeit
And call-ed down a fam -
f
하 늘 을 닫 아 버 린 자
Er hat den Him-mel ver-schlos - sen.
he al - so clo - sed the hea - vens,
61
f Tempo

64
f Tempo
우 리 를 기 근 에 빠 뜨 린 자 라
Er hat die theu - re Zeit ü - ber uns ge-bracht.
and call-ed down a fam - ine up - on the land.
f CHOR
Recit.
Solo
빠 뜨 린 자 라
ü - ber uns ge-bracht.
ine up-on the land.
그 를 잡
So zie-het
So go ye
f
우 리 를 기 근 에 빠 뜨 린 자 라
Er hat die theu - re Zeit ü - ber uns geb-racht.
and call-ed down a fam - ine up - on the land.
64
Tempo
f
67
아 어 서 없 애 자 저 수 많 은 선 지 자 를
hin, und greift Eli - as, er ist des To - des schul - dig;
forth and seize E - li - jah, for he is worthy to die:
f
f
f
f
69
죽 인 자 그 들 처 럼 잡 아 죽 이 라
töd - tet ihn, lasst uns ihm thun wie er ge - than hat!
Salu-ghter him! do un - to him as he hath do - ne!
f
f
attacca

24. 그를 죽이라

24. Wehe ihm!

(합창)

Allegro moderato (♩= 100)
Sopran
Alt
Tenor
Bass
죽 이라
We - he ihm!
Woe to Him!
죽 이라
We - he ihm!
Woe to him!
3
죽 이라 처 형 하 라 저 하 늘 문을 닫 고 기 근 을 가 져
We - he ihm! er muss ster - ben! Wa - rum darf er den Him-mel, den Him - mel ver
Woe to him! He shall per - ish, shall per - ish, for he clos - ed, he clos - ed the
처 형 하 라 저 하 늘 문을 닫 고 기 근 을 가 져
er muss ster - ben! Wa - rum darf er den Him-mel, den Himmel ver
he shall per - ish, shall per - ish, for he clos - ed, he clos - ed the
죽 이라 처 형 하 라 저 하 늘 문을 닫 고 기 근 을 가 져
We - he ihm! er muss ster - ben! Wa - rum darf er den Him-mel, den Himmel ver
Woe to him! He shall per - ish, shall per - ish, for he clos - ed, he clos - ed the

6
sf
sf
온 자 주 하 나 님 이 름 으 로 저 — 주 한 자 주 하 나 님
schlie-ssen? wa-rum darf er weis - sa-gen im Na-men des Herrn? wa-rum darf er -
hea - vens. And why hath he spo - ken in the name of the Lord? And why hath he
온 자 주 하 나 님 이 름 으 로 저 — 주 한 자 주 하 나 님
schlie-ssen? wa-rum darf er weis - sa-gen im Na-men des Herrn? wa-rum darf er
hea - vens. And why hath he spo - ken in the name of the Lord? And why hath he
6
9
이 름 으 로 저 — 주 한 자 그 를 그 를 그 를 죽
weis - sa-gen im Na-men des Herrn? wa-rum? wa-rum darf er weis-
spo - ken in the name of the Lord? And why? And why? hath he thus
그 를 그 를
wa-rum? wa-rum?
And why? and why?
이 름 으 로 저 — 주 한 자 그 를 그 를
weis - sa-gen im Na-men des Herrn? wa-rum? wa - rum?
spo - ken in the name of the Lord? And why? and why?
그 를 그 를 그 를 죽 이 라 죽
wa-rum? wa-rum? darf er den Him-mel ver-
And why? and why? why hath he clos-ed the
9

12
이 라 그 를 주 하 나 님
sa - gen? wa - rum? wa-rum darf er
spo - ken? And why? and why hath he
주 하 나 님 이 름 으 로 저 주 한
wa-rum darf er weis - sa - gen im Na - men des
And why hath he spo - ken in the name of the
f
주 하 나 님 이 름 으 로 저 주 한 자 그 를-죽 이 라 그
wa-rum darf er weis - sa-gen im Na - men des Herrn, im Na-men des Herrn? wa-
and why hath he spo - ken in the name of the Lord, the name of the Lord? and
이 라 그 를 그 를 그 를
schlie-ssen? wa-rum? wa - rum? wa-rum?
hea - vens? And why? and why? and why?
sf sf sf sf sf sf
15
이 름 으 로 저 주 한 자 주 하 나 님 이 름 으 로 저 주 한
weis - sa-gen im Na - men des Herrn? wa-rum darf er weis - sa-gen im Na - men des
spo - ken in the name of the Lord? and why hath he spo - ken in the name of the
자 그 를 죽 이 라 그 를 그 를 주 하 나 님
Herrn, im Na - - - men des Herrn? wa - rum? wa - rum? wa - rum darf er
Lord, the name of the Lord? And why? and why? and why hath he
를 죽 이 라 저 주 한—자 주 하 나 님
rum? wa - rum darf er weis - sa - gen? wa-rum darf er
why and why hath he thus spo - ken? and why hath he
주 하 나 님 이 름 으 로 저 주 한 자 그 를 죽 이
wa-rum darf er weis - sa-gen im Na - men des Herrn, im Na - men des
and why hath he spo - ken in the name of the Lord, the name of the
15
sf sf sf sf sf sf

18
자 그 는 죽 어 마 땅 하
Herrn? Die-ser ist des To - des schul - - -
Lord? Let the guil-ty pro - phet per - - -
이 름 으 로 저 주 한 자 그 는 죽 어
weis - sa-gen im Na - men des Herrn? Die-ser ist des
spo - ken in the name of the Lord? Let the guil-ty
이 름 으 로 저 주 한 자
weis - sa-gen im Na - men des Herrn?
spo - ken in the name of the Lord?
라 그 는 죽 어 마 땅 하 리
Herrn? Die-ser ist des To-des schul - - - dig!
Lord? Let the guil-ty pro-phet per - - - ish!
18
21
리 죽 어 마 땅
dig! die ser ist des
ish! Let the guil-ty
마 땅 하 리 죽 어 마 땅 하 리
To-des schul - - - dig! die ser ist des To - des,
pro-phet per - - - ish! Let the guil-ty pro - phet,
그 는 죽 어 마 땅 하 리
Die-ser ist des To - des schul - - - dig!
Let the guil-ty pro - phet per - - - ish!
그 는 죽 어 마 땅
Die-ser ist des To - - - des
Let the guil-ty pro - - - phet,
21

24
하 리 그 는 죽 어 그 는 죽 어 마 땅 하 리
To - des, die - ser ist des To - des, ist des To - des schul - dig!
pro - phet, let the guil - ty let the guil - ty pro - phet per - ish!
그 는 죽 어 마 땅 하 리
die - ser ist des To - des schul - dig!
let the guil - ty pro - phet per - ish!
그 는 죽 어 마 땅 하 리 죽 이 라
die - ser ist des To - des schul - dig! We - he ihm!
Let the guil - ty pro - phet per - ish! Woe to him!
하 리 죽어 마 땅 하 리 죽 이 라
schul - dig, des To - des schul - dig! We - he ihm!
per - ish, the guil - ty per - ish! Woe to him!
27
죽 이 라 죽 이 라 처 형 하 라 우 리 모 두
We - he ihm! We - he ihm, er muss ster - ben, denn er hat ge -
Woe to him! Woe to him, he shall per - ish! He hath spo - ken
죽 이 라 처 형 하 라 우 리 모 두
We - he ihm, er muss ster - ben, denn er hat ge -
Woe to him! he shall per - ish! He hath spo - ken
죽 이 라 처 형 하 라 우 리 모 두
We - he ihm, er muss ster - ben, denn er hat ge -
Woe to him, he shall per - ish! He hath spo - ken

30
에 게 저 주 말 한 자 우 리 가 확 실 히 들 었
weis - sagt wi - der die - se Stadt, wie wir mit un - sern Oh - ren ge-
false - ly, falsely a - gainst our land, and us, as we have heard with our
에 게 저 주 말 한 자 우 리 가 확 실 히 들 었
weis - sagt wi - der die - se Stadt, wie wir mit un - sern Oh - ren ge-
false - ly, falsely a - gainst our land, and us, as we have heard with our
30
sf
33
f
소 저를처형 하 라 저 를처형하 라 처 형
hört, dieser ist des To - des, die - ser ist des To - des schul - - - dig,
ears.Let theguil-ty proph - et, let theguil-ty proph - et per - - - ish!
f
저 를처형 하 라 저 를잡아 처 형
die - ser ist des To - des, die - ser ist des To - - - des
Let theguil-ty proph - et, let theguil-ty proph - - - et,
f
소 저 를잡아처 형
hört, die - ser ist des To - des
ears. Let theguil-ty proph - et
f
저 를잡아처 형 하 라 저 를잡아
die - ser ist des To - des, schul - dig, die - ser ist des
Let theguil-ty proph - et per - ish! let theguil-ty
33
sf sf sf sf

36
ff
하 라 어 서속히 붙잡아 죽 이 라
schul - - - dig, so zie-het hin, grei-fet ihn, töd - tet ihn!
per - - - ish! So go ye forth, seize on him! He shall die!
ff
하 라 어 서속히 붙잡아 죽 이 라
schul - - - dig, so zie-het hin, grei-fet ihn, töd - tet ihn!
per - - - ish! So go ye forth, seize on him! He shall die!
ff
하 라 어 서속히 붙잡아 죽 이 라
schul - - - dig, so zie-het hin, grei-fet ihn, töd - tet ihn!
per - - - ish! So go ye forth, seize on him! He shall die!
ff
처 형 하 라 어 서속히 붙잡아 죽 이 라
To - des schul - dig, so zie-het hin, grei-fet ihn, töd - tet ihn!
pro - phet per - ish! So go ye forth, seize on him! He shall die!
36
sf
sf
ff
sf
40
dim.
p
43
dim.
pp

25. 하나님의 사람이여

25. Du Mann Gottes

서창(테너–Obadjah, 베이스–Elias)

Recit.
오 바 댜 (Tenor)
엘 리 야 여 이 제 곧 나 의 말 을 들 어 보 오 이 세 벨
Du Mann Got-tes, lass mei-ne Re - de et-was vor dir gel-ten! So spricht die
Man of God, — now let my words be pre-cious in thy sight! Thus saith
3
왕 후 가 당 신 을 붙 잡 기 위 하 여 많 은 사 람 을 모 으 고 그
Kö-ni-gin: E - li - as ist des To - des schul - dig; und sie sam - meln sich wider dich, sie
Je - ze-bel: "E - li - jah — is wor-thy to die." So the migh-ty gath-er against thee, And
6
올 가 미 의 함 정 속 에 빠 뜨 린 후 당 신 을 잡 아 죽 이 려
ste-llen dei-nem Gan - ge Ne-tze, und zie-hen aus, dass sie dich grei - fen, dass sie dich
they — have pre-par - ed a net for thy steps; That they may seize thee, that they may
8
Lento
하 오 그 리 하 오 니 가 던 길 을 바 꾸 어 광 야 로 향 하 시 오 주
töd - ten! So ma-che dich auf und wen-de dich von ih-nen. ge-he hin in die Wü-ste! Der
slay thee! A-rise then, a - rise, and hast-en for thy life — to the wil-der-ness jonr-ney! The

11
Andante sostenuto (♩ = 63)
a tempo
하 나 님 이 함 께 하 시 리 라 하 나 님 이 돌 보 시
Herr, dein Gott wird sel - ber mit dir wan - deln, er wird die Hand nicht ab -
Lord, thy God doth go, doth go with thee: He will not fail thee, He
p
a tempo
14
cresc.
p
며 인 도 하 시 리 서 둘 러 서 어 서 가 시 고 나 에 게
- thun, noch dich verla - ssen. Zie he hin und seg - ne uns auch, zie - he hin
will not for - sake thee. Now be-gone, be gone, and bless me! Now be-
18
pp
엘 리 야 (Bass)
cresc.
Recit.
축 복 하 소 서 당 신 은 여 기 있 으 오 아이 야
und seg - ne uns auch! Sie wol - len sich nicht be - keh - ren! Blei - be
gone and bless me al - so. Though strick - en they have not griev - ed! Tar - ry
dim.
sf
21
함 께 하 라 주가 너와 함께 하리 라 난 광 야 로 가 리 로 다
hier, du Kna - be, der Herr sei mit euch! Ich ge - he hin in dir Wüs - te.
here, my ser - vant, the Lord be with thee. I jour - ney hence to the wilder - ness.
25
Adagio (♩ = 66)
cresc.
dim.

26. 만족합니다

26. Es ist genug!

영창(베이스–Elias)

왕상 19:4

Adagio (♩ = 66)
pp
cresc.
6
Bass Solo
p
엘리야 (Bass)
만 족 하
Es ist ge -
It is e -
pp
11
니 내 생 명 거 두 어 주 소 서 나 는 조 상 보 다 못 하
nug! So nimm nun, Herr, mei - ne See - le, ich bin nicht bes - ser denn mei - ne
nough! O Lord, now take a - way my life, for I am not bet - ter than my
cresc.
p
16
cresc.
오 니 여 호 와 여 만 족 하 니 내
Vä - ter. Es ist ge - nug! es ist ge - nug! So
fa - thers. It is e - nough! it is e - nough! Now
cresc.
sf

21
생 명거두소 서부족합니 다조상── 보다못합
nimm nun mei-ne See-le, ich bin nicht bes-ser, nicht bes- - - ser denn mei-ne
take a-way my life,── I am not bet-ter, not bet- - - - ter than my
p
25
cresc.
dim.
니── 다 부족합니─다조상들 보 다부족합
Vä- - - ter, ich bin nicht bes-ser── mei-ne Vä-ter, denn mei-ne
fa- - - thers, I am not bet-ter, I am not bet- - ter than my
p
cresc.
p
29
니 다
Vä- - - - - ter.
fa- - - - - thers.
sf
cresc.
dim.
p
33
내생명 거둬주옵소서 이제껏
Ich be-geh-re nicht mehr zu le-ben, denn mei-ne
I de-sire── to live no long-er; now let me
pp

37
sf
나 는 피 곤 하 게 지 내 었고 눈 물 의
Ta - ge sind ver - geb - lich ge - we - sen, denn mei - ne
die, for my days are but van - i - ty, now let me
sf
p
poco a poco cresc.
41
sf
나 날 지 냈 으 니 나 를 거 두 소 서
Ta - ge sind ver - geb - lich, ver - geb - lich ge - we - sen.
die, for my days are but vani - ty, but va - ni - ty!
cresc.
45
Molto allegro vivace (♩ = 92)
f
나 는 열 심
Ich ha - be ge-
I have been ve - ry
ff
sf
p
49
히 주 를 위 해 많 은 일 했 으 나
ei - fert um den Herrn, um den Gott Ze - ba - oth,
jeal - ous for the Lord, for the Lord! God of Hosts,
ff

53
이 스 라 엘— 백 성 들은 주 의
denn die Kin - der — Is - ra - el's ha - ben
for the child - ren of Is - ra - el — have
p
57
sf
언 약 저 버 리 고 언 약 저 버 리 고 주
dei - nen Bund ver - las - sen, dei - nen Bund ver - las - sen, und
bro - ken thy cove-nant, bro - ken thy cove-nant, have
ff
sf
p
61
의 단 을 헐 — 고 — 주 의 선 지 자 들 모
dei - ne Al - tä - re — ha - ben sie zer - bro - chen und
bro - ken thy co - ve-nant, and thrown — down thine al - tars, and
65
조 리 붙 잡 아 칼 로 죽 였 소 백
dei - ne Pro - phe - ten mit dem Schwert er - würgt. und
slain all thy pro - phets, slain them with the sword, and
p

69
성 들 선 지 자 잡 아 죽 였 소
dei - ne Pro - phe - ten mit dem Schwert er - würgt.
slain thy pro - phets, slain them with the sword.
sf p ff
73
f
나 는 이 제 껏 주 를 위 하 여
Ich ha - be ge - ei - fert um den Herrn,
I have been ve - ry jeal - ous for the Lord,
p ff
77
f
열 심 을 다 하 여 하
um den Gott Ze - ba - oth, ge -
for the Lord God of Hosts, ve - ry
p ff
81
나 님 위 하 여 많 은 일 했 으 나 이
ei - fert um den Herrn, den Gott Ze - ba - oth. Und
jea - lous for the Lord, the Lord God of Hosts, and
ff p

85
p
제 나 홀 로 남 았 나 이 다 이 제 저 희
ich bin al - lein ü - brig ge - blie - ben, und sie steh'n da -
I, e - ven I on - ly am left; and they seek my
pp
90
cresc.
sf
가 나 의 생 명 까 지 도 죽
nach, dass sie mir mein Le - ben neh - - - - - -
life, and they seek my life to take
cresc.
94
ff
이 려 하 나 이 다
men, mein Le - ben neh - - - - - men
it, to take it a - way.
ff
98
Adagio (♩ = 66)
con forza
dim.
여 호 와 여 만 족 하 니
Es ist ge - nug, es ist ge - nug!
It is e - nough! It is e - nough!
sf
ff
p

102
p
만 족 하 니 내 생 명 거 두 어 주
Es ist ge - nug, so nimm nun, Herr, mei - ne
It is e - nough! O Lord now take a - way my
106
소 서 나 는 조 상 보 다 못 하 오
See - le, ich bin nicht bes - ser denn mei - ne Vä - - - -
life, for I am not bet - - - ter than my fa - - - -
p
110
cresc.
니 오 하 나 님 나
ter, nimm nun, o Herr, nimm,
thers. Now let me die, Lord,
cresc.
114
dim.
pp
의 생 명 거 두 소 서
nimm, o Herr, mei - ne See - le!
take a - way my life!
pp

27. 보라 그가 자고 있다

27. Siehe, er schläft

서창(테너–Obadjah)

왕상 19:5

Tenor Solo
pp
보 라 그 가 로 뎀 나 무 아 래 자 고
Sie - he, er schläft un - ter dem Wach - hol - der in der
See, now he sleep - - - eth be-neath a ju - ni - per tree in the
3
있 도 다 그 주 위 에 천 사 들 이 저 를 에 워 싸
Wü - ste; a - ber die En - gel des Herrn la - gern sich um die
wil - der-ness; and there the an - gels of the Lord en - camp round a - bout
p
6
고 지 키 도 다
her, so ihn fürch - - - ten.
all them that fear Him.
p

28. 네가 산을 향하여 눈을 들라

28. Hebe deine Augen

삼중창(소프라노 I, II, 알토)

시 121:1-4

Andante con moto (♪ = 100)
천사 (Die Engel)
sf
p
Sopran I Solo
Sopran II Solo
Alt Solo
네 가 산 을 향 하 여 눈 을 들 라 너
He - be dei - ne Au - gen auf zu den Ber - gen von
Lift thine eyes, O lift thine eyes to the moun - tains, whence
네 가 산 을 향 하 여 눈 을— 들 라 너
He - be dei - ne Au - gen auf zu den— Ber - gen von
Lift thine eyes, O lift thine eyes to the— moun - tains, whence
네 가 산 을 향 하 여 눈 을 들 라 너
He - be dei - ne Au - gen auf zu den Ber - gen von
Lift thine eyes, O lift thine eyes to the moun - tains, whence
5
희 의 도 움— 이 어 디 서 오 나
wel - chen dir Hül - fe, dir Hül - fe kommt.
com - eth whence com - eth, whence com - eth help.
희 의 도 움 이 어 디— 서 오 나 너 의 도— 움
wel - chen dir Hül - fe, dir Hül - fe kommt. Dei - ne Hül - fe
com - eth, whence com - eth, whence com - eth help. Thy help com - eth,
희— 의 도 움 이 어 디 서 오 나 너 의
wel - chen dir Hül - fe, dir Hül - fe kommt. Dei - ne
com - eth, whence com - eth, whence com - eth help. Thy help

10
cresc.
dim.
너 의 도— 움 이—— 천 지 만 드 신 주
Dei - ne Hül - fe kommt — vom Herrn, der Him - mel und
Thy help com - eth from —— the Lord, the Ma - ker of
이—— 천 지—— 천 지 만 드 신— 만 드 신 주
kommt vom Herrn, —— vom Herrn, kommt vom Herrn, der Him - mel und
com - - - eth from —— the Lord, from the Lord, - the Ma - ker of
도—— 움 이—— 천 지 만—— 드———— 신 주
Hül - - - fe kommt —— vom Herrn, der —— Him - - - - - mel und
com - - - eth from —— the Lord, the —— Ma - - - - - ker of
15
p
에 게 서 로 다 너 희 발 을 잡———— 아 붙 드
Er - de ge - macht hat. Er wird dei - nen Fuss ———— nicht glei - ten
heav - en and earth. —— . He hath said, thy foot ———— shall not be
에 게 서 로 다 너 희 발 을 잡 아 붙 드
Er - de ge - macht hat. Er wird dei - - - nen Fuss nicht glei - ten
heav - en and earth. —— He hath said, thy foot shall not be
에 게 서 로 다 너 희 발 을 잡 아 붙 드
Er - de ge - macht hat. Er wird dei - nen Fuss nicht glei - ten
heav - en and earth. —— He hath said, thy foot shall not be
20
pp
시 며 이 스 라 엘 지 키 신 이 졸 지 아 니 하
las - sen und der dich be - hü - tet, schläft nicht, der dich be - hü - tet,
mov - ed. Thy Kee - per will ne - ver slum - - ber, ne - ver, will ne - ver
시 며 이 스 라 엘 지 키 신 이
las - sen, und der dich be - hü - tet, schläft nicht,
mov - ed. Thy Kee - per will ne - ver slum - - ber,
시 며 이 스 라 엘 지 키 신 이
las - sen, und der dich be - hü - tet, schläft nicht,
mov - ed. Thy Kee - per will ne - ver slum - - ber,

24
f
dim.
p
신 다 졸 지 아 니 하 신 다 네 가 산 을
schläft nicht, der schläft nicht. He - be dei - ne
slum - ber, ne - ver slum - - - - - - - ber. Lift thine eyes, O
f
dim.
p
졸 지 아 니 하 신 다 네 가 산 을
der dich be - hü - tet, schläft nicht. He - be dei - ne
nev - er, will ne - ver slum - - - - - - - - ber. Lift thine eyes, O
f
dim.
p
졸 지 아 니 하 신 다 하 신 다 네 가 산 을
der dich be - hü - tet, schläft nicht, der schläft nicht. He - be dei - ne
nev - er, will ne - ver slum - ber, will ne - ver slum - ber. Lift thine eyes, O
29
sf
p
향 하 여 눈 을 들 라 너 희 의 도 움 이 어
Au - gen auf zu den Ber - gen von wel - chen dir Hül - fe, dir
lift thine eyes to the moun - tains, whence com - eth, whence com - eth, whence
sf
p
향 하 여 눈 을 들 라 너 희 의 도 움 이 어
Au - gen auf zu den Ber - gen von wel - chen dir Hül - fe, dir
lift thine eyes to the moun - tains, whence com - eth, whence com - eth, whence
sf
p
향 하 여 눈 을 들 라 도 움 이 어
Au - gen auf zu den Ber - gen von wel - chen dir
lift thine eyes to the moun - tains, whence com - eth, whence
34
sf
dim.
p
디 서 오 나 너 희 의 도 움 이 어 디 서 오 나
Hül - fe kommt, den Ber - gen von wel - chen dir Hül - fe kommt.
com - eth help, whence com - eth, whence com - eth, whence com - eth help.
sf
dim.
p
디 - 서 오 나 너 희 의 도 움 이 어 디 서 오 나
Hül - fe kommt, den Ber - - - gen von wel - chen dir Hül - fe kommt.
com - eth help, whence com - - - eth, whence com - eth, whence com - eth help.
sf
dim.
p
디 오 나 너 희 의 도 움 이 어 디 서 오 나
Hül - fe kommt, den Ber - - - gen von wel - chen dir Hül - fe kommt.
com - eth help, whence com - - - eth, whence com - eth, whence com - eth help.

29. 주께서 이스라엘을 지켜주리라

29. Siehe, der Hüter Israels

(합 창)

시 121:5

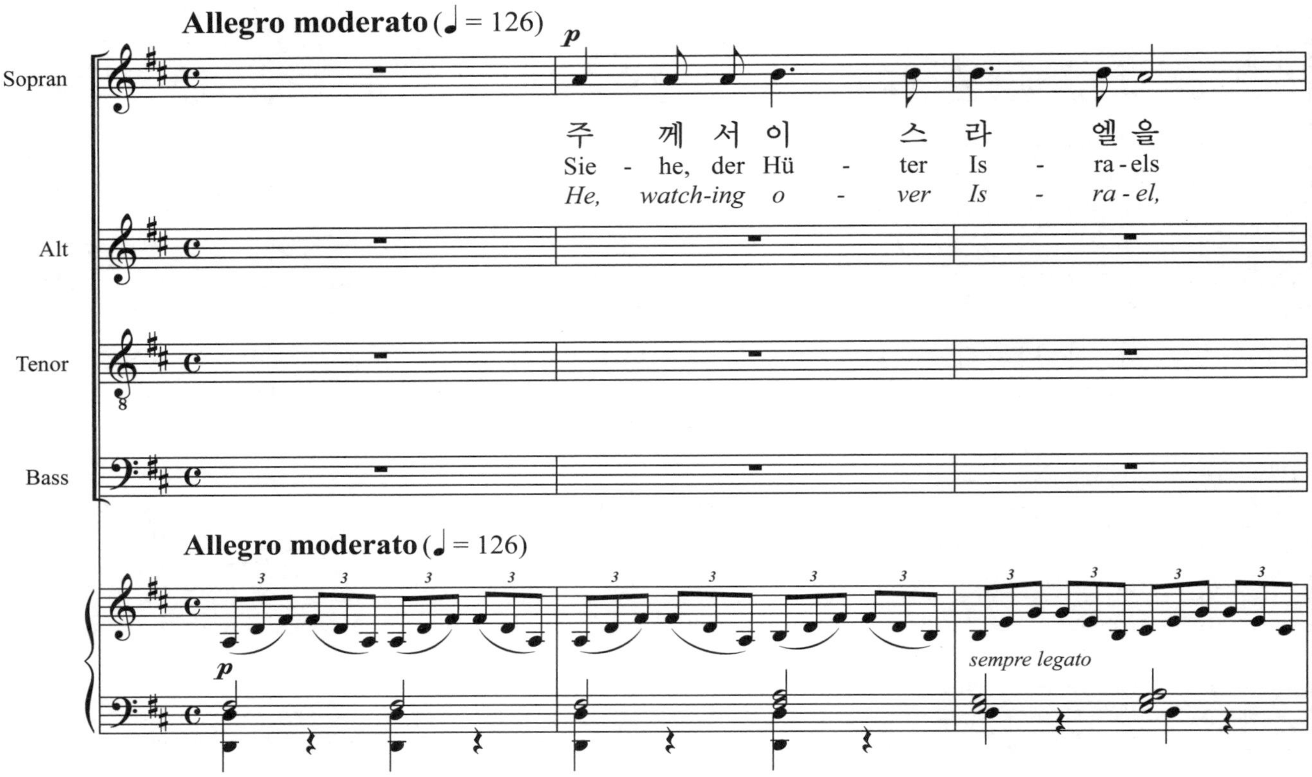
Allegro moderato (♩= 126)
Sopran
Alt
Tenor
Bass
p
주 께 서 이 스 라 엘 을
Sie - he, der Hü - ter Is - ra - els
He, watch-ing o - ver Is - ra - el,
Allegro moderato (♩= 126)
p
sempre legato

4
지 켜 주 리 라
schläft noch schlum - mert nicht,
slum - bers not, nor sleeps;
지 켜 주
er schläft noch
He slum - bers
p
주 께 서 이 스 라 엘 을
Sie - he der Hü - ter Is - ra-els
He, watch-ing o - ver Is - ra - el,
4

8
시 리 라
schlum - - - mert nicht,
not, nor sleeps;
p
주 께 서 이 스 라 엘 을 지
Sie - he, er schläft noch schlum - mert nicht, er
He, watch-ing slum - bers not, nor sleeps: He
지 켜 주 리 라 졸 지 도
schläft noch schlum-mert nicht, er schlum-mert
slum - bers not, nor sleeps; He slum - bers
p
주 께 서
Sie - he, er
He, watch-ing
8
12
cresc.
주 께 서 이 스 라 엘을
sie - he, der Hü - ter Is - ra-els
He, watch-ing o - ver Is - ra-el,
cresc.
켜 주 시 리 라 주 께 서 이 스 라 엘–
schläft noch schlum - mert nicht. sie - he, der Hü - ter Is - - - ra -
slum - bers not, nor sleeps; He, watch-ing o - ver Is - - - ra -
cresc.
않 으 시 고 지 켜
nicht, der Hü - - - ter Is - ra-
not, nor sleeps; He slum - - - bers not, nor
cresc.
이 스 라 엘 을 졸 지 도 않 으–
schläft noch schlum - mert nicht, der Hü - - - ter Is - - - ra -
slum - bers not, nor sleeps, He slum - bers not, nor –
12
cresc.
cresc.
dim.

16
A
p
졸 지 도 않 고 지 켜 주 리 라
schläft noch schlum-mert nicht, schläft noch schlum-mert nicht.
slum - bers not, nor sleeps, slum - - - bers not, nor sleeps.
졸 지 도 않 고 지 켜 주 리 라
els schläft noch schlum-mert nicht, schlum-mert nicht.
el, slum - - - bers not, He slum - bers not, nor sleeps.
주 시 리 라 잘 지 켜 주 리 라 네 가
els schläft noch schlum-mert nicht, noch schlum-mert nicht. Wenn du
sleeps, slum - - - bers not, He slum - bers not, nor sleeps. Shouldst thou,
시 고 지 켜 주 리 라
els schläft noch schlum - mert nicht.
sleeps, slum - - - - - bers not, nor sleeps.
dim.
cresc.
20
네 가
Wenn du
Shouldst thou,
sf
네 가 근 심 할 때 네 게
Wenn du mit - ten in Angst wan - - - delst,
Shouldst thou, walk - ing in grief, lan - - - guish,
근 심 할 때 네 게 새 힘 주 리 라 네 가
mit - ten in Angst wan - - - delst, so er-quickt er dich, wenn du
walk - ing in grief, lan - - - guish, He will quick en thee; Shouldst thou,

24
sf
cresc.
근 심할 때 네 게 새 힘 주 리 라 새
mit - ten in Angst wan - - - delst, so er - quickt er dich, so
walk - ing in grief, lan - - - guish, He will quick - en thee. He
새 힘 주 리 라 네 게 힘 을 힘 을
so er - quickt er dich, er - quickt er dich, so er -
He will quick - en thee, will quick - en thee, He will
sf
근 심할 때 근 심 할 때 새 힘 주
mit - ten in Angst, in Angst wan - delst, so er - quickt
walk - ing in grief, in grief, lan - guish; He will quick -
sf
네 가 근 심할 때 네 게
Wenn du mit - ten in Angst wan - - - delst,
Shouldst thou, walk - ing in grief, lan - - - guish
24
cresc.
28
f
sf
힘 주 리 라 네 가 근 심할 때 네 게
er - quickt er dich wenn du mit - ten in Angst wan - - - delst,
will quick - en thee; Shouldst thou, walk - ing in grief, lan - - - guish,
f
주 리 라 네 가 근 심 할 때 네
quickt er dich, wenn du mit - ten in Angst wan -
quick - - - - - - en thee, Shouldst thou, walk - ing in grief, lan -
f
sf
리 라 네 가 근 심할 때 근
er dich, wenn du mit - ten in Angst, in
- - en thee; Shouldst thou, walk - ing in grief, in
f
새 힘 주 리 라 네 가
so er - quickt er dich, wenn du
He will quick - en thee, Shouldst thou,
28
cresc.
f

32
cresc.
새 힘 을 주 시 리 라 네 가
so er - quickt, er - quickt er dich, wenn du
He will, He will quick - en thee: Shouldst thou
sf
게 네 가 근 심 할 때 네 게
- - - - - - delst, wenn du mit - ten in Angst wan - - - delst,
- - - - - - guish, Shouldst thou, walk - ing in grief, lan - - - guish,
심 할 때 새 힘 주 리 라
Angst wan - delst, so er - quickt er dich,
grief, lan - guish, He will quick - en thee,
sf
근 심 할 때 네 게 새 힘 주 리 라
mit - ten in Angst wan - - - delst so er - quickt er dich,
walk - ing in grief, lan - - - guish; He will quick - en thee,
32
sf
sf
36
sf
sf
근 심 할 때 힘 을 네 가 근 심 할 때
mit - ten in Angst wan - - - delst, wenn du in Angst wan - - - delst,
walk - ing in grief, lan - - - guish, walk - ing in grief, lan - - - guish,
f
새 힘 주 리 라 네 가 근 심 할 때 네 게
so er - quickt er dich, wenn du mit - ten in Angst wan - delst,
He will quick - en thee, Shouldst thou, walk - ing in grief, lan - guish,
f
sf
새 힘 주 리 라 네 가 근 심 할 때 네 게
so er - quickt er dich, wenn du mit - ten in Angst wan - - - delst,
quick - - - en thee, Shouldst thou, walk - ing in grief, lan - - - guish,
f
sf
새 힘 주 리 라 네 가 근 심 할 때 네 게
so er - quickt er dich, wenn du mit - ten in Angst wan - - - delst,
He will quick - en thee, Shouldst thou, walk - ing in grief, lan - - - guish,
36
sf
f
sf

40
dim.
새 힘 주 리 라 새 힘 주 리 라
so er-quickt er dich, so er-quickt er dich.
He will quick-en thee, He will quick-en thee
새 힘 주 리 라 새 힘 주 리 라
so er-quickt er dich, so er-quickt er dich.
He will quick-en thee, he will quick-en thee,
새 힘 주 리 라 새 힘 주 리 라 네 가
so er-quickt er dich, so er-quickt er dich, wenn du
He will quick-en thee, he will quick-en thee, Shouldst thou,
새 힘 주 리 라 힘 주 리 라
so er-quickt er dich, er-quickt er dich.
He will quick-en thee, will quick-en thee,
44
B
주 께 서 이 스 라 엘을 지 켜 주 리 라 네 가
Sie-he, der Hü-ter Is-ra-els schläft noch schlum-mert nicht. Wenn du
He, wat-ching o-ver Is-ra-el, slum-bers not, nor sleeps. Shouldst thou,
주 께 서 이 스 라 엘 지 켜 주 리 라 네 가
Sie-he, der Hü-ter Is-ra-els schlum-mert nicht. Wenn du
He, watch-ing o-ver Is-ra-el, slum-bers thee, Shouldst thou
근 심 할 때 네 게 새 힘 주 리 라
mit-ten in Angst wan-delst, so er-quickt er dich.
walk-ing in grief, lan-guish; He will quick-en thee.
주 께 서 이 스 라 엘
Sie-he, der Hü-ter Is-ra-
He, watch-ing o-ver Is-ra-

48
근 심 할 때 네 게 새 힘 주 리 라 주 께 서
mit - ten in Angst wan - - - delst, so er - quickt er dich sie - he, der
walk - ing in grief, lan - - - guish; He will quick - en thee, He, watch - ing
근 심 할 때 네 게 힘 주 리 라 졸
mit - - - ten in Angst wan - delst er - quickt er dich, er
walk - - ing in grief, lan - guish; He will quick - en thee, He
주 께 서 이 스 라 엘 을 지 켜 주 리 라 졸
Sie - he, der Hü - ter Is - ra - els schläft noch schlum - mert nicht, er
He, watch - ing o - ver Is - ra - el, slum - bers not, nor sleeps, He
cresc.
을 지 켜 주 시 리 라
els er schläft noch schlum - - - mert nicht,
el, slum - - - - bers not, nor sleeps,
48
cresc.
52
dim.
이 스 라 엘 을 지 켜 주 리 라
Hü - ter Is - ra - els schläft noch schlum - mert nicht,
o - ver Is - ra - el, slum - - - bers not, nor sleeps,
지 않 고 지 켜 주 리 라 졸
schlum - - mert nicht, schläft noch schlum - mert nicht, sie - -
slum - - - bers not, slum - - - bers not, nor sleeps; He
dim.
지 않 고 지 키 리 라
schlum - mert nicht, er schlum - - - mert nicht,
slum - bers not, He slum - - - bers not,
dim.
지 켜 주 시 리 라
er schläft noch schlum - mert nicht,
He slum - - bers not, nor sleeps,
52
f
dim.
dim.

56
졸 지 않고 지 켜 주 리 라 주 께 서
sie - - he, er schläft noch schlum - mert nicht, sie - he, der
He slum - - - bers not, He slum - bers not, He watch-ing
지 않고 지 켜 주 리 라 주 가
- - - he, er schläft noch schlum - mert nicht, der Hü - ter
slum - - - bers not, He slum - bers not, He watch - ing
졸 지 않 고 지 켜 주 리 라 졸
sie - - - he, er schläft noch schlum - mert nicht, er
He slum - bers not, He slum - bers not, He
졸 지 않 고 지 켜 주 리 라 졸 지 않
sie - - - he, er schläft noch schlum - mert nicht, er schläft noch
slum - - - bers not. He slum - bers not, He slum - bers
60
이 스라 엘을 지 켜 주 리 라
Hü - ter Is - ra - els schläft noch schlum-mert nicht,
o - ver Is - ra - el, slum - - - bers not, nor sleeps,
이스 라 엘 지 켜 주 리 라 졸
Is - - - - ra - els schläft noch schlum-mert nicht, sie -
Is - - - - ra - el, slum - - - bers not, nor sleeps, He
지 않 고 지 키 리 라
schlum - - mert nicht, er schlum - - - mert nicht,
slum - - bers not, He slum - - - bers not,
고 지 켜 지 키 리 라
schlum - mert nicht, er schlum - mert nicht,
not He slum - bers not, nor sleeps,
p
f
dim.

64
dim.
p
졸 지 않 고 지 켜 주 리 라
sie - - - he, er schläft noch schlum - mert nicht,
He slum - - - bers not, He slum - bers not,
지 않 고 지 켜 주 리 라
- - - he, er schläft noch schlum - mert nicht,
slum - - bers not, He slum - bers not,
졸 지 않 고 지 켜 주 리 라
sie - - - he, er schläft noch schlum - mert nicht,
He slum - bers not, He slum - bers not,
졸 지 않 고 지 켜 주 리 라
sie - - - he, er schläft noch schlum - mert nicht,
He slum - bers not, He slum - bers not,
68
pp
C
보 라 주 께 서 이
sie - - - - - - he, der Hü - - - - ter Is - - -
sleeps not, He, watch - - - ing Is - - -
보 라 주 께 서
sie - - - - - - he, der Hü - ter
sleeps not, He, watch - ing
보 라 주 님
sie - - - - - - he, der Hü - - -
sleeps not, He, watch -
보 라 주 께 서
sie - - - - - - he, der Hü - ter
sleeps not, He, watch - ing

72
cresc.
dim.
pp
— 스 라 엘 을 지 켜
- - - ra - els schläft noch
- - - ra - el, slum - - - bers
cresc.
dim.
pp
이 스 라 엘 을 지 켜
Is - - - ra - els schläft noch
Is - - - ra - el, slum - - - bers
cresc.
dim.
pp
께 서 지 켜
ter schläft noch
ing slum - - - bers
cresc.
dim.
pp
이 스 라 엘 을 지 켜
Is - - - ra - els
Is - - - ra - el, slum - - - bers
72
76
주 리 라
schlum - mert nicht.
not, nor sleeps.
주 리 라
schlum - mert nicht.
not, nor sleeps.
주 리 라
schlum - mert nicht.
not, nor sleeps.
주 리 라
schlum - mert nicht.
not, nor sleeps.
76
pp

30. 일어나라 엘리야

30. Stehe auf, Elias

서창(알토–Ein Engel, 베이스–Elias)

왕상 19:7-8

천사 (Alt)
Tempo Adagio
엘리야 이제는 네 갈 길이 너무 멀고 험하 다 사 십 일 동 안 밤 낮
Ste-he auf, E - li - as, denn du hast ei-nen gro-ssen Weg vor dir. Vier-zig Tage und vier-zig
A - rise, E - li - jah, for thou hast a long jour-ney be - fore thee, For - ty days and for - ty
p
p
4
Recit.
엘리야 (Bass)
걸 어 간 다 면 호 렙 산 에 도 착 하 리 주 여 이 제— 난 힘 이 없 소
Nächte sollst du gehn bis an den Berg Gott - es Ho - reb. O Herr, ich ar - bei - te ver-geb-lich
nights shalt thou go, Ho - reb, the mount of God.— O Lord, I have la - bord in vain!
8
Recit.
새 로 운 힘 을 내 게 허 락 하 소 서
und brin - ge mei - ne Kraft um-sonst und un - nütz zu.
Yea, I have spent my strength, have spent my strength for naught.
Allegro vivace (♩= 92)
cresc.
sf
12
a tempo
f
Recit.
Allegro moderato (♩= 100)
Recit.
오— 저 하 늘 문 활 짝 열 고 지
Ach, — dass du den Him-mel zer - ris - sest, und
O, — that Thou wouldst rend — the heav-ens, that
cresc.
sf
ff

17
금 내 려 와
füh - rest her - ab!
Thou wouldst come down!
저 기 저 산 을 녹 이 소 서
Dass die Ber - ge vor dir zer-flö - ssen.
That the moun-tains would flow down at thy pre - sence,
20
당 신 의 악 한 적 을 물 리 치 사
Dass dei - ne Fein-de vor dir zit-tern müss-ten
to make Thy name known to thine ad-ver - sa - ries,
능 력 나 타 내 소 서
durch die Wun-der, die duthust!
through the won-ders of Thyworks!
24
어 찌 해 주 여 호 와 여 이 제 껏 그 들
Wa-rum läs-sest du sie ir - ren von dei-nen We - gen,
O Lord, why hast Thou madethem to err from Thy ways?
완 고 한 그 들 을 그 냥
und ihr Herz ver - sto-cken, dass sie
and har-den - ed their hearts, that they
29
두 십 니 까
dich nicht fürch - ten?
do not fear Thee?
오 — 하 나 님 나 의 영 혼 죽 게 되 었 나 이 다
O, — dass mei-ne See - le stür - be! dass mei-ne See - le stür-be!
O, —— that I now might die! O that I now might die!
dim.

31. 주 안에 쉬라

31. Sei stille dem Herrn

영창(알토–Ein Engel)

Andantino (♩ = 72)
천사 (Alt)
p
주 안 에 쉬 라 너 기 다 리 라 네 소 원
Sei stil - le dem Herrn und war - te auf ihn, der wird dir
O rest in the Lord, wait patient - ly for Him, and He shall
pp
sempre pp
4
모 두 들 어 주 시 니 편 안 히 쉬 어 라 주 를 기 다 리
ge - ben, was dein Herz wünscht, sei stil - le dem Herrn und war - te auf
give thee thy heart's de - sires, o rest in the Lord, wait pa-tient-ly for
7
라 네 소 원 모 두 들 어 주 시 리 네 소 원
ihn, der wird dir ge - ben was dein Herz wünscht, der wird dir
Him, and He shall give thee thy heart's de - sires, and He shall

10
모 두 들 어 주 시 리 네 길 을 의 지 하 라 주 만 바 라
ge - ben, was dein Herz wünscht. Be - fiehl ihm dei - ne We - ge und hoffe auf -
give thee thy heart's de - sires. Com - mit thy way un - to Him, and trust in
13
cresc.
라 네 길 을 의 지 하 라 주 만 바 라 라 근 심 과 노 여
ihn, be - fiehl ihm dei - ne We - ge und ho - ffe auf ihn. Steh' ab vom
Him, com - mit thy way un - to Him, and trust in Him, and fret not thy -
16
A
p
움 다 버 리 고 주 안 에 쉬 라 너 기 다 리
Zorn, und lass den Grimm. Sei stil - le dem Herrn und war - te auf
self be-cause of e - vil - do - ers. O rest in the Lord, wait patient - ly for
p
19
p
라 너 기 다 리 라 주 안 에 쉬 라 너 기 다 리
ihn, war - te auf ihn, sei stil - le dem Herrn und war - te auf
Him, wait patient - ly for Him, O rest in the Lord, wait patient - ly for
pp

22
라 네 소 원 모 두 들 어 주— 시 리 네 소 원
ihn, der wird dir ge - ben, was dein Herz — wünscht, — der wird dir
Him, and He shall give thee thy heart's — de - sires, — and He shall
cresc.
sf
25
모— 두 들 어 주 시 리 네 소 원 모— 두 들 어 주 시
ge - ben, was dein Herz — wünscht, der wird dir ge - ben, was dein Herz –
give — thee thy heart's de - sires, and He shall give — thee thy heart's de -
p
sf
p
28
p
cresc.
리 주 안 에 쉬 라 주 안 에 쉬 라 주 안——
wünscht. Sei stil - le dem Herrn, sei stil - le dem Herrn und war - - -
sires. O rest in the Lord, O rest in the Lord, and wait, ——
pp
cresc.
31
p
— 에 너 기 다 리 라
- - te, und war - te auf ihn.
— wait — patient - ly for Him.
pp

32. 끝까지 잘 견디는 자

32. Wer bis an das Ende beharrt

(합창)

Andante sostenuto (♩ = 66)
Sopran
Alt
Tenor
Bass
끝 까 지 잘 견 디 는 자 복 있 도 다
Wer bis an das En - de be-harrt, der wird se - lig,
He that shall en - dure to the end. shall be sav - ed;
끝 까 지 잘 견 디 는 자 복 있 도 다
Wer bis an das En - de be-harrt, der wird se - lig,
He that shall en - dure to the end. shall be sav - ed;
끝 까 지 잘 견 디 는 자 복 있 도 다
Wer bis an das En - de be-harrt, der wird se - lig,
He that shall en - dure to the end, shall be sav - ed;
끝 까 지 잘 견 디 는 자 복 있 도 다
Wer bis an das En - de be-harrt, der wird se - lig,
He that shall en - dure to the end, shall be sav - ed;
5
cresc.
끝 까 지 잘 견 디 는 자 복 있 도 다
wer bis an das En - de be-harrt, der wird se - lig,
he that shall en - dure to the end, shall be sav - ed,
끝 까 지 잘 견 디 는 자 복 있 도 다
wer bis an das En - de be-harrt, der wird se - lig,
he that shall en - dure to the end, shall be sav - ed,
끝 까 지 잘 견 디 는 자 복 있 도 다 복
wer bis an das En - de be-harrt, der wird se - lig, der
he that shall en - dure to the end, shall be sav - ed, shall
끝 까 지 잘 견 디 는 자 복 있
wer bis an das En - de be-harrt, der wird
he that shall en - dure to the end, shall be
5

10
cresc. dim. p cresc.
진 정 복 있 도 다 복
se - lig, der wird se - lig, der
shall be sav - ed, shall be sav - ed, shall
f p
끝 까 지 잘 견 디 는 자 복 있 도
wer bis an das En - de be-harrt, der wird se -
He that shall en - dure to the end, shall be sav -
f dim. p cresc.
있 도 다 복 있 도 다 복 있
wird se - lig, der wird se - lig, der wird
be sav - ed, shall be sav - ed, shall be,
도 다 끝 까 지 잘
se - lig, wer bis an das
sav - ed; He that shall en -
10
f dim. p cresc.
15
f dim. p
있 도 다 복 있 도 다 끝 까
wird se - lig, der wird se - lig, wer bis
be sav - ed, shall be sav - ed; He that
f
다 도 다 끝 까 지 잘 견 디 는 자
lig, se - lig, wer bis an das En - de be - harrt,
ed, sav - ed, He that shall en - dure to the end,
f dim.
도 다 도 다 복 있 도 다 끝 까 지 잘
se - lig, se - lig, der wird se - lig, wer bis an das
shall be sav - ed, shall be sav - ed, He that shall en -
f p
견 디 는 자 복 있 도 다
En - de be-harrt, der wird se - lig,
dure to the end, shall be sav - ed,
15
f dim.

20
cresc.
f
dim.
지 잘 견 디는 자 복 있 도
an das En - de be - harrt, der wird se - - - - - - -
shall en - dure to the end, shall be sav - - - - - - -
f
끝 까 지 견 디는 자 복 있 도
bis an das En - de be - harrt, der wird se - - - -
He that shall en - dure to the end, shall be sav - - - -
cresc.
f
dim.
견 디는 자 복 있 도
En - de be - harrt, der wird se -
dure to the end, shall be sav -
f
끝 까 지 잘 견 디는 자 복 있 도 다
wer bis an das En - de be - harrt, der wird se - lig,
He that shall en - dure to the end, shall be sav - ed;
20
p
cresc.
f
dim.
24
p
cresc.
mf
다 끝 까 지 잘 견 디는 자
lig, wer bis an das En - de be - harrt,
ed; He that shall en - dure to the end,
p
cresc.
f
다 끝 까 지 잘 견 디는 자 복
- - - - lig, wer bis an das En - - - - - de be - harrt, der
- - - - - ed; He that shall en - dure to the end, he
p
cresc.
f
다 끝 까 지 잘 견 디는 자 복 있 도
- - - - lig, wer bis an das En - de be - harrt, der wird se -
- - - - - ed; He that shall en - dure to the end, shall be sav -
p
cresc.
끝 까 지 잘 견 디는 자 복 있 도 다
wer bis an das En - de be - harrt, der wird se - - - lig,
He that shall en - dure to the end, shall be sav - - - ed,
24
p
cresc.
sf

28
f
dim.
복 있 도 다 복 있 도 다
der wird se - lig, se - - - - - - - - - lig,
shall be sav - ed, shall be sav - ed,
이 있 도 다 복 있 도 다
der wird se - - - lig, der wird se - - - - - - - - lig
shall be sav - - - ed, shall be sav - - - - - - - - ed,
다 복 있
- - lig, se - - - - - - - - - - - - - lig,
- - ed, shall be
복 있 도 다 복 있 도
der wird se - lig, der wird se - - - -
shall be sav - ed, shall be sav - - -
p
33
pp
복 있 도 다 복 있 도 다
der wird se - lig, der wird se - - - - - lig.
shall be sav - ed, shall be sav - - - - - ed.
도 다 복 있 도 다
se - lig, der wird se - - - - - lig.
sav - ed, shall be sav - - - - - ed.
다 복 있 도 다
- - - - lig, der wird se - - - - - lig.
- - - - ed, shall be sav - - - - - ed.

33. 주여 이제 밤이 되었습니다

33. Herr, es wird Nacht

서창(베이스–Elias, 소프라노–Der Engel)

엘 리 야 (Bass)
주 여 이 제 밤 되 니 가 지 마
Herr, es wird Nacht um mich, sei du nicht
Night fall - eth round me, O Lord! Be Thou not
3
소 서 이 곳 에 머 무 르 소 서 나 의 영 혼
fer - ne! Ver - birg dein Ant - litz nicht vor mir mei-ne See - le
far from me! Hide not Thy face, O Lord, from me! My soul is
6
Andante (♩ = 76)
이 당 신 을 갈 망 합 니 다
dürs - tet nach dir, wei ein dür - res Land!
thirst - ing for Thee, as a thir - sty land.
9
천 사 (Soprano)
Allegro (♩ = 92)
이 제 는
Wohl - an denn,
A - rise, now!

13
일 어 나 라 산 에 오 르 라 찬 란
ge - he hin - aus, und tritt auf den Berg vor den
get thee with - out, stand on the mount before the
f f p
17
한 하 나 님 영 광 이 가 까
Herrn, denn sei - ne Herr - lich - keit er - schei - - - -
Lord: for there His glo - ry will ap - pear,
20
Lento
pp
이 비 치 니 네
- - net ü - ber dir! Ver -
and shine on thee! Thy
pp
24
얼 굴 감 추 라 주 가 오 신 다
hül - le dein Ant - litz, denn es naht der Herr.
face must be veil - ed, for He draw - eth near.
pp

34. 하나님이 지나가신다

34. Der Herr ging vorüber

(합창)

왕상 19:11

Allegro molto (♩ = 100)
Sopran
Alt
Tenor
Bass
Allegro molto (♩ = 100)
pp
cresc.

4
f
하 나 님 지 나 가 신 다
Der Herr ging vor - ü - - ber.
Be - hold, God the Lord pass - ed by!
ff
f
sf

10
pp
세 찬 바 람 이 높 은 산 가 르 고
Und ein star - ker Wind, der die Ber - ge zer - riss
And a might - y wind rent the moun - tains a - round,
pp
세 찬 바 람 이 높 은 산 가 르
Und ein star - ker Wind, der die Ber - ge zer-
And a might - y wind rent the moun - tains a -
10
pp
14
cresc.
f
A
바 위 깨 뜨 리 고 주 앞 을 지 난 다
und die Fel - sen zer - brach, ging vor dem Herrn — her,
brake in piec - es the rocks, brake them be - fore the Lord;
cresc.
f
고 바 위 깨 뜨 리 고 주 앞 을 지 난
riss und die Fel - sen zer - brach, ging vor dem Herrn —
round, brake in piec - es the rocks, brake them be - fore the
14
A
cresc.
ff

18
dim.
pp
주 앞을 지 난 다
ging vor dem Herrn — her,
brake them be - fore the Lord,
세 찬 바 람 이
und ein star - ker Wind,
and a might - y wind
dim.
pp
다
her,
Lord,
주 앞을 지 난 다
ging vor dem Herrn — her,
brake them be - fore the Lord;
세 찬 바 람
und ein star - ker
and a might - y
18
dim.
pp
22
cresc.
f
높 은 산 가 르 고
der die Ber - ge zer - riss
rent the moun - tains a - round,
바 위 깨 뜨 리 고
und die Fel - sen zer - brach,
brake in piec - es the rocks,
cresc.
f
이
Wind,
wind
높 은 산 가 르 고
der die Ber - ge zer - riss
rent the moun - tains a - round,
바 위 깨 뜨 리
und die Fel - sen zer-
brake in piec - es the
22
cresc.
f

26
dim.
p
dim.
주 앞 을 지 난 다
ging vor dem Herrn her,
brake them be - fore the Lord,
주 앞 을 지 난 다
ging vor dem Herrn her,
brake them be - fore the Lord.
dim.
p
dim.
고
brach,
rocks,
주 앞 을 지 난 다
ging vor dem Herrn her,
brake them be - fore the Lord,
주 앞 을 지 난
ging vor dem Herrn
brake them be - fore the
26
dim.
p
dim.
30
B
pp
거 기 하 나 님 안 계 시 도 다
a - ber der Herr war nicht im Sturm - wind.
But yet the Lord was not in the tem - - pest.
pp
다
her,
Lord.
거 기 하 나 님 안 계 시 도 다
a - ber der Herr war nicht im Sturm - wind.
But yet the Lord was not in the tem - pest.
30
B

36
36
pp
cresc.
40
f
하 나 님 지 나 가 신 다
Der Herr ging vor - ü - - - ber.
Be - hold, God the Lord pass - ed by!
f
하 나 님 지 나 가 신 다
Der Herr ging vor - ü - - - ber.
Be - hold, God the Lord pass - ed by!
40
ff
ff
sf

45
pp
cresc.
땅 이 큰 진 동 하 고 바 다 출 렁 댄 다
Und die Er - de er - beb - te, und das Meer er - braus - te,
And the sea was up - heav - ed, and the earth was sha - ken,
pp
cresc.
땅 이 큰 진 동 하 고 바 다 출 렁
Und die Er - de er - beb - te, und das Meer er -
And the sea was up - heav - ed, and the earth was
45
pp
cresc.
49
f
땅 이 큰 진 동 하 고 바 다 출 렁 댄 다
und die Er - de er - beb - te, und das Meer er - braus - te,
and the sea was up - heav - ed, and the earth was sha - ken,
f
댄 다 땅 이 큰 진 동 하 고 바 다 출 렁
brau - ste, und die Er - de er - beb - te, und das Meer er -
sha - ken, and the sea was up - heav - ed, and the earth was
49
f
dim.

53
p
cresc.
땅 이 큰 진 동 하 고 바 다 출 렁 댄 다
und die Er - de er - beb - te, und das Meer er braus - te,
and the sea was up - heav - ed, and the earth was shak - en,
p
cresc.
땅 이 큰 진 동 하 고 바 다 출 렁 댄 다
und die Er - de er - beb - te, und das Meer er - braus - te,
and the sea was up-heav - ed, and the earth was shak - en,
p
cresc.
댄 다 땅 이 큰 진 동 하 고 바 다 출 렁
braus - te, und die Er - de er - beb - te, und das Meer er -
shak - en, and the sea was up - heav - ed, and the earth was
cresc.
땅 이 큰 진 동 하 고 바 다
und die Er - de er - beb - te, und das
and the sea was up-heav - ed, and the
53
p cresc.
57
f
sf
땅 이 큰 진 동 하 고 바 다 출 렁 댄 다
und die Er - de er - beb - te, und das Meer er - braus - te,
and the sea was up - heav - ed, and the earth was shak - en,
f
sf
땅 이 큰 진 동 하 고 바 다 출 렁 댄
und die Er - de er - beb - te, und das Meer er - braus -
and the sea was up-heav - ed, and the earth was shak -
f
sf
댄 다 땅 이 큰 진 동 하 고 바 다 출 렁
braus - te, und die Er - de er - beb - te, und das Meer er -
shak - en, and the sea was up - heav - ed, and the earth was
f
sf
출 렁 댄 다 땅 이 큰 진 동 하 고 큰 바 다
Meer er - braus - te, und die Er - de er - beb - te, und das Meer
earth was shak - en, and the sea was up heav - ed, and the earth
57
f
sf

61
dim.
p
바 다 가 출 렁 거 린 다
das Meer er - braus - te, er - braus - te,
the earth was shak - en, was shak - en.
다 거 린 다
te, er - braus - te,
en, was shak - en.
dim.
p
댄 다 바 다 가 출 렁 거 린 다
braus - te, das Meer er - braus - te, er - braus - te,
shak - en, the earth was shak - en, was shak - en.
가 출 렁 거 린 다
er - braus - te, er - braus - te,
was shak - en, was shak - en.
61
dim.
p
dim.
pp
66 C
pp
허 나 하 나 님 이 안 계 시 도 다
a - ber der Herr war nicht im Erd - be - ben.
But yet the Lord was not in the earth - quake.
하 나 하 나 님 이 안 계 시 도 다
a - ber der Herr war nicht im Erd - be - ben.
But yet the Lord was not in the earth - quake.
pp
하 나 하 나 님 이 안 계 시 도 다
a - ber der Herr war nicht im Erd - be - ben.
But yet the Lord was not in the earth - quake.
하 나 하 나 님 이 안 계 시 도 다
a - ber der Herr war nicht im Erd - be - ben.
But yet the Lord was not in the earth - quake.
66 C
pp
cresc.

72
f
큰 지 진— 후 에 불
Und nach dem — Erd - be - ben
And af - ter the earth - quake there
f
큰 지 진— 후 에 불
Und nach dem — Erd - be - ben
And af - ter the earth - quake there
72
f
sf
76
길 이 솟 아 큰 지 진— 후 에 불
kam ein Feu - er, und nach dem — Erd - be - ben
came a fire, and af - ter the earth - quake there
길 이 솟 아 큰 지 진— 후 에 불
kam ein Feu - er, und nach dem — Erd - be - ben
came a fire, and af - ter the earth - quake there
76
sf
sf

80
길 이 솟 아 온 땅 흔 들 리 고
kam ein Feu - er, die Er - de er - beb - te,
came a fire, the sea was up - heav - ed,
길 이 솟 아 온 땅 흔 들 리 고
kam ein Feu - er, die Er - de er - beb - te,
came a fire, the sea was up - heav - ed,
온 땅 흔 들 리
die Er - de er - beb - - -
the sea was up - heav - - -
80
sf
sf
84
f
바 다 넘 치 고 큰 지 진 후 에
das Meer er - braus - te, und nach dem Erd - - be - - -
the earth was shak - en, and af - ter the earth - quake
f
바 다 넘 치 고 큰 지 진
das Meer er - braus - te, und nach dem
the earth was shak - en, and af - ter the
고
te,
ed,
84
sf
ff
ff
ff

88
— 불 길 이 솟 아 큰 지 진 후—— 에 불
- - ben kam ein Feu - er, und nach dem Erd - be - ben
— there came a fire, —— and after the earth - quake there
후 에 —— 불 길 이 솟 아 큰 지 진—
Erd - be - - - - ben kam ein Feu - er, es kam ein —
earth - quake —— there came a fire, —— and af - ter the
88
ff
92
D
ff
길 —— 이 —— 솟 아 요 동 해 도
kam —— din —— Feu - er, a - ber der Herr
came —— a —— fire. —— But yet the Lord
ff
후 —— 에 치 솟 아 요 동 해 도
Feu - - er, ein Feu - er, a - ber der Herr
earth - quake a fire. —— But yet the Lord
92
D
sf
sf
ff

96
거 기 하 나님 께 서 안 계 시
war nicht, a - ber der Herr war nicht im
was not, But yet the Lord was not in the
거 기 하 나님 께 서 안 계 시
war nicht, a - ber der Herr war nicht im
was not, But yet the Lord was not in the
96
sf
sf
ff
101
도 다 하 나님 께 서 안 계 시 도 다
Feu - er, a - ber der Herr war nicht im Feu - er,
fire, But yet the Lord was not in the fire,
도 다 하 나님 께 서 안 계 시 도 다
Feu - er, a - ber der Herr war nicht im Feu - er,
fire, But yet the Lord was not in the fire,
101
ff

106
하 나님 거 기 안 계 시 도 다 하 나님
a - ber der Herr war nicht im Feu - er, a - ber der
But yet the Lord was not in the fire, But yet the
하 나님 거 기 안 계 시 도 다 하 나님
a - ber der Herr war nicht im Feu - er, a - ber der
But yet the Lord was not in the fire, But yet the
106
111
E
께 서 안 계 시 도 다 그 불 길 이
Herr war nicht im Feu - - - er. Und nach dem
Lord was not in the fire, And af - ter the
께 서 안 계 시 도 다 그 불 길 이
Herr war nicht im Feu - - - er. Und nach dem
Lord was not in the fire, And af - ter the
111
E

117
꺼 진 후 섬 세 한 작 은 소
Feu - er kam ein stil - les, sanf - tes Sau - - - - - - - -
fire there came a still small voice
꺼 진 후 섬 세 한 작 은 소
Feu - er kam ein stil - les, sanf - tes Sau - - - - - - - -
fire there came a still small voice
117
pp
123
pp
리
sen.
그
Und
And
리
sen.
123
pp

128
소 리 속 에 임 하 시 도
in dem Säu - - - seln nah - te sich der
in that still voice, on - ward came the
128
133
p
다 그 소 리 속
Herr. Und in dem Säu - - -
Lord, And in that still
p
그 소 리 속
Und in dem Säu - - -
And in that still
133

138
에 임 하 시 도 다
seln nah - te sich der Herr,
voice, on - ward came the Lord,
임 하 시 도
nah - - - - te sich der
on - - - - ward came the
에 임 하 시 도
seln nah - - - te sich der
voice, on - - - ward came the
임 하 시 도 다
nah - - te sich der Herr,
on - - ward came the Lord,
138
143
cresc.
임 하 시 도 다
nah - te sich der Herr,
on - ward came the Lord,
다 임 하 시 도 다 임 하
Herr, nah - te sich der Herr, nah - te
Lord, on - ward came the Lord, on - ward
cresc.
다 임 하 시 도
Herr, nah - te sich der
Lord, on - ward came the
임 하 시 도 다
nah - te sich der Herr,
on - ward came the Lord,
143
cresc.
cresc.

148
cresc.
pp
임 하 시 도 다 그 소 리 속 에
nah - te sich der Herr, im Säu - seln nah - te
on - ward came the Lord, and in that still voice
시 도 다 그
sich der Herr, im
came the Lord, And
cresc.
pp
다 임 하 시 도 다
Herr, nah - te sich der Herr,
Lord, on - ward came the Lord,
하 나 님
nah - te sich,
came the Lord,
148
pp
154
p
하 나 님 임 하 시 도 다
sich der Herr, nah - te sich der Herr,
came the Lord, on - ward came the Lord,
소 리 속 에 임 하 시 도 다
Säu - seln nah - te, nah - te sich der Herr,
in that still voice on - ward came the Lord,
p
하 나 님 임 하
nah - te sich, nah - te
on - ward came, on - ward
하 나 님 임 하 시 도 다
im Säu - seln nah - te sich der Herr,
And in that still voice, came the Lord,
154
p

160
cresc.
F pp
— 임 하 시 도 다 그
— nah - te sich der Herr, und
— on - ward came the Lord, And
cresc.
pp
시 도 다 임 하 시 도 다
sich der Herr, nah - te sich der Herr,
came the Lord, on - ward came the Lord,
— 임 하 시 도 다 그
— nah - te sich der Herr, und
— on - ware, came the Lord, And
160
F
cresc.
pp
166
소 리 속 에 임 하 시 도
in dem Säu - - - - seln nah - te sich der
in that still voice, on - ward came the
— 임 하 시 도
— nah - - - - te sich der
— on - - - - ward came the
소 리 속 에 임 하 시 도
in dem Säu - - - - seln nah - te sich der
in that still voice, on - ward came the
166
cresc.
pp

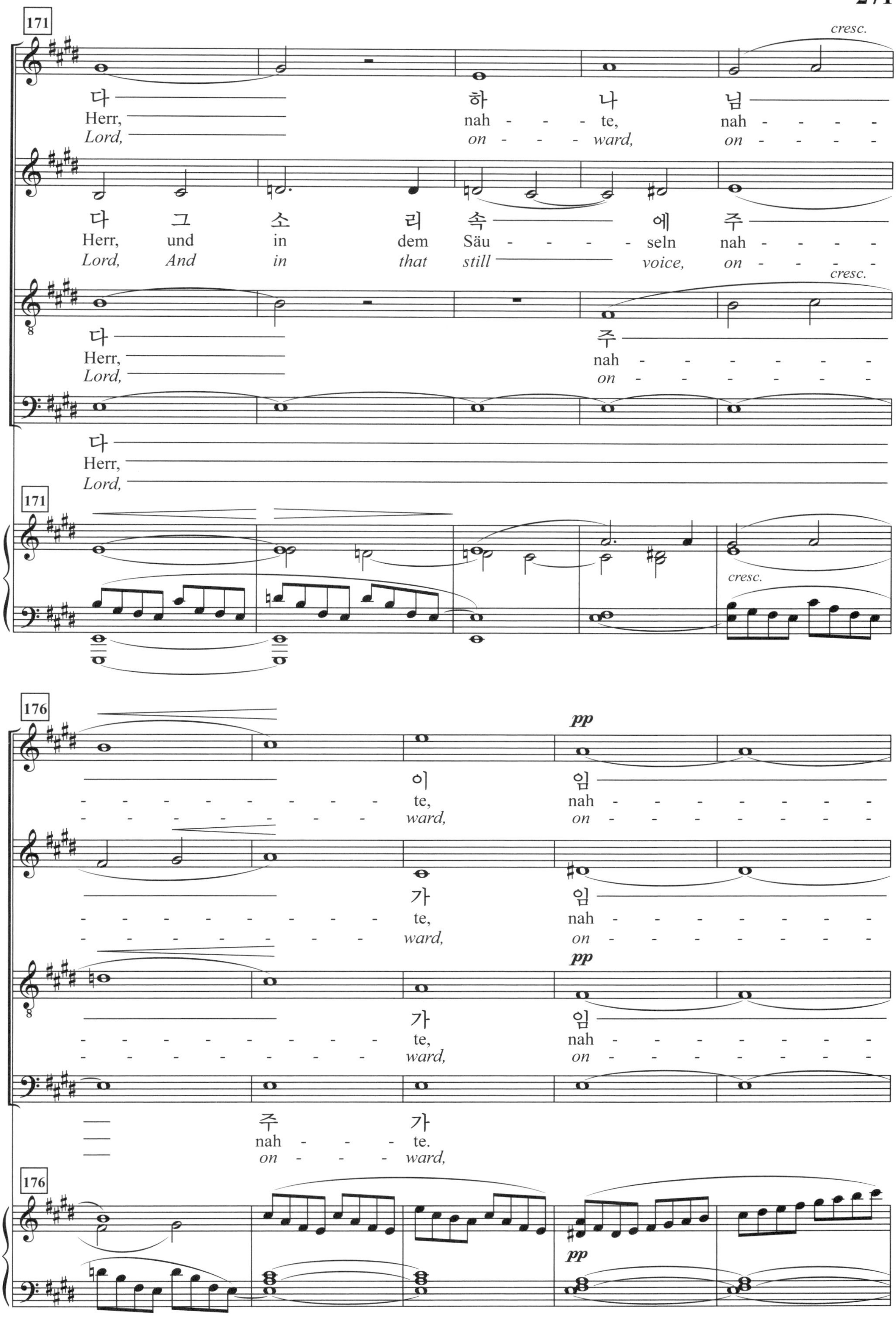
171
cresc.
다 하 나 님
Herr, nah - te, nah
Lord, on - ward, on
다 그 소 리 속 에 주
Herr, und in dem Säu - seln nah
Lord, And in that still voice, on
cresc.
다 주
Herr, nah
Lord, on
다
Herr,
Lord,
171
cresc.
176
pp
이 임
te, nah
ward, on
가 임
te, nah
ward, on
pp
가 임
te, nah
ward, on
주 가
nah - te.
on - ward,
176
pp

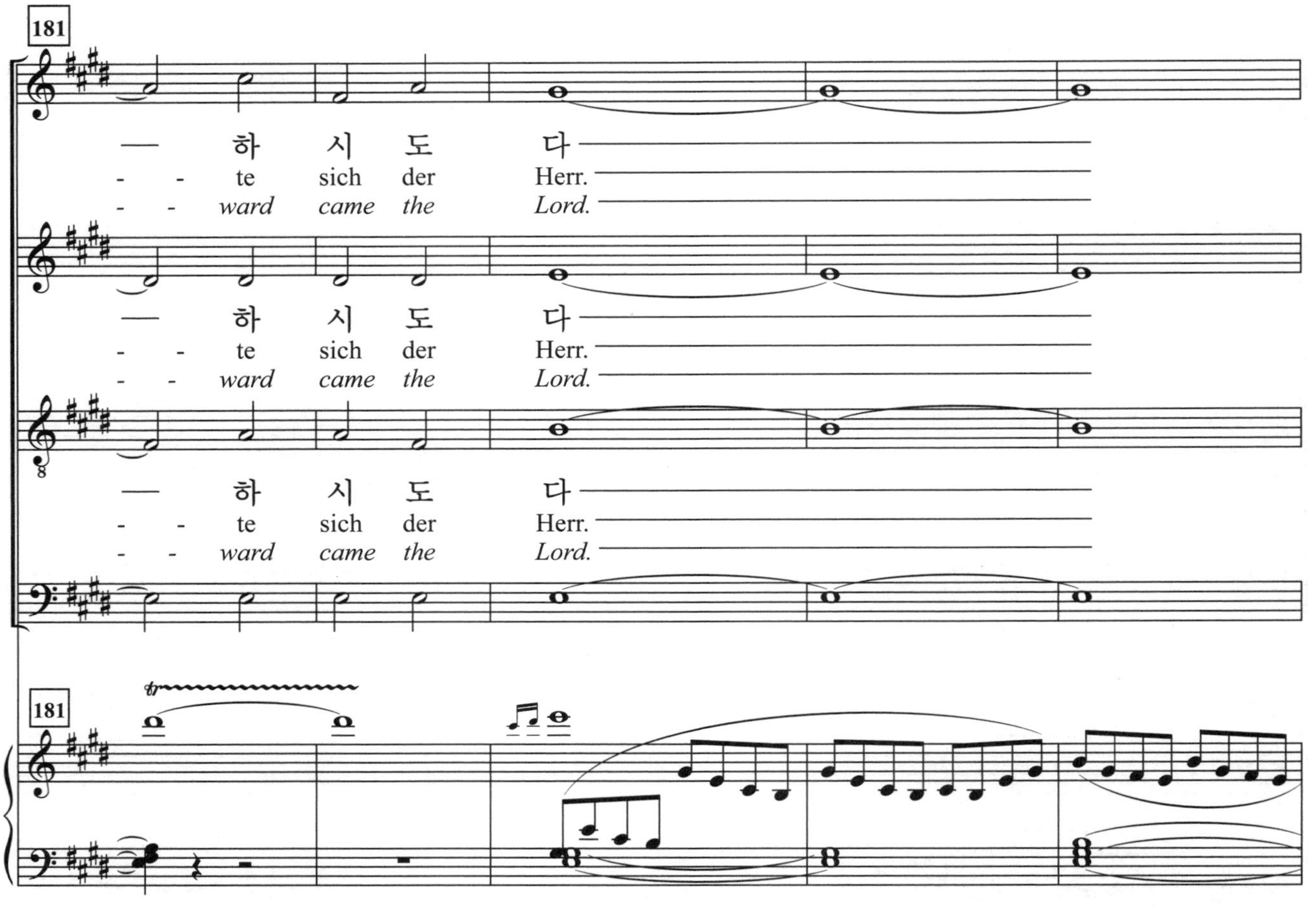
181
— 하 시 도 다
- - te sich der Herr.
- - ward came the Lord.
— 하 시 도 다
- - te sich der Herr.
- - ward came the Lord.
— 하 시 도 다
- - te sich der Herr.
- - ward came the Lord.
181
tr

186
pp

35. 스랍들 높은 곳에서

35. Seraphim standen üer ihm

서창(알토)

사 6:3

Alt Solo
스 랍 들 높 은 곳 에 서 화 답 하 여 가 로 되
Se - rap-him stand-en ü - ber ihm, und ei - ner rief zum an - dern:
Above Him stood the Se - ra-phim: and one cri-ed to ano - ther:
p

거룩 주 하나님

Heilig ist Gott der Herr

(사중창과 합창)

Adagio non troppo (♩= 72)
Sopran I Solo
거 룩 거 룩 거 룩 주 하 나 님
Hei - lig, hei - lig, hei - lig ist Gott der Herr,
Ho - ly, ho - ly, ho - ly is God the Lord,
Sopran II Solo
거 룩 주 하 나 님
Hei - lig ist Gott der Herr,
Ho - ly is God the Lord,
Alt I Solo
거 룩 주 하 나 님
Hei - lig ist Gott der Herr,
Ho - ly is God the Lord,
Alt II Solo
거 룩 주 하 나 님
Hei - lig ist Godd der Herr,
Ho - ly is God the Lord,
Sopran
거 룩 거 룩
Hei - lig, hei - lig,
Ho - ly, ho - ly,
Alt
거 룩 거 룩
Hei - lig, hei - lig,
Ho - ly, ho - ly,
Tenor
거 룩 거 룩
Hei - lig, hei - lig,
Ho - ly, ho - ly,
Bass
Adagio non troppo (♩= 72)
pp
ff

7
만 유— 의 하 나님
der Herr Ze - ba-oth.
the Lord sa - ba-oth,
만 유 의 하 나님
der Herr Ze - ba-oth.
the Lord Sa - ba-oth,
만 유— 의 하 나님
der Herr Ze - ba-oth.
the Lord Sa - ba-oth,
만 유 의 하 나 님
der Herr Ze - ba - oth.
the Lord Sa - ba - oth,
f
거 룩주 하 나 님 만 유— 의 하 나님
hei - lig ist Gott der Herr, der Herr Ze - ba-oth.
ho - ly is God the Lord, the Lord Sa - ba-oth,
f
거 룩주 하 나 님 만 유— 의 하 나 님
hei - lig ist Gott der Herr, der Herr Ze - ba - oth.
ho - ly is God the Lord, the Lord Sa - ba - oth,
f
거 룩주 하 나 님 만 유 의 하 나 님
hei - lig ist Gott der Herr, der Herr Ze - ba - oth.
ho - ly is God the Lord, the Lord Sa - ba - oth,
f
7
ff

13
하 늘 과 땅 에 주 의 영 광 이 가 득 히 찼 도 다
Al - le Lan-de sind sei - ner Eh - re voll, sind sei - ner Eh - re voll,
Now His glo - ry hath fill - ed all the earth. hath fill - ed all the earth,
하 늘 과 땅 에 주 의 영 광 이 영
Al - le Lan-de sind sei - ner Eh - re voll, sind
Now His glo - ry hath fill - ed all the earth, hath
하 늘 과 땅 에 주 의 영 광 이 가 득 히
Al - le Lan-de sind sei - ner Eh - re voll, sind sei - ner
Now His glo - ry hath fill - ed all the earth, hath fill - ed,
하 늘 과 땅 에 주 의 영 광 이 가 득 히
Al - le Lan-de sind sei - ner Eh - re voll, sind sei - ner
Now His glo - ry hath fill - ed all the earth, hath fill - ed
pp
하 늘 과 땅 에 가 득 찼 도 다
Al - le Lan-de sind sei - ner Eh - re voll,
Now His glo - ry hath fill - ed all the earth,
pp
하 늘 과 땅 에 가 득 찼 도
Al - le Lan-de sind sei - ner Eh - re
Now His glo - ry hath fill - ed all the
pp
하 늘 과 땅 에 가 득 찼 도
Al - le Lan-de sind sei - ner Eh - re
Now His glo - ry hath fill - ed all the
pp
하 늘 과 땅 에
Al - le Lan-de sind
Now His glo - ry hath
13
pp

18
영 광 가 득 찼 도 다 거 룩
sei - ner, sei - ner Eh - re voll. Hei - lig,
fill - ed, fill - ed all the earth. Ho - ly,
광 이 가 득 찼 도 다 거 룩
sei - ner, sei-ner Eh - re voll. Hei - lig,
fill - ed, fill-ed all the earth. Ho - ly,
찼 도 다 가 득 찼 도 다 거 룩
Eh - re voll, sei - ner Eh-re voll. Hei - lig,
all the earth, fill - ed all the earth. Ho - ly,
찼 다 가 득 찼 도 다 거 룩
Eh - re, sei - ner Eh-re voll. Hei - lig,
fill - ed, hath fill - ed all the earth. Ho - ly,
p
하 늘 과 땅 에 가 득 찼 도 다 하 늘 과 땅 에
al - le Lan-de sind sei - ner Eh - re voll. Al - le Lan-de sind
Now His glo - ry hath fill - ed all the earth, Now His glo - ry hath
다 주 영 광 가 득 히 가 득 히 찼 도 다
voll, sind sei - ner Eh - re voll, sind sei-ner Eh - re voll.
earth. hath fill - ed all the earth, hath fill-ed all the earth.
다 주 영 광 가 득 히 가 득 히 찼 도 다
voll, sind sei-ner Eh - re voll, sind sei-ner Eh - re voll.
earth, hath fill-ed all the earth, hath fill-ed all the earth.
가 득 찼 도 다 가 득 히 찼 도 다
sei - ner Eh - re voll, sind sei-ner Eh - re voll.
fill - ed, all the earth, hath fill-ed all the earth.
18
pp

23
A
거 룩 거 룩 주 하 나 님
hei - lig, hei - lig ist Gott der Herr.
ho - ly, ho - ly is God the Lord.
거 룩 거 룩 주 하 나 님
hei - lig, hei - lig ist Gott der Herr.
ho - ly, ho - ly is God the Lord.
거 룩 거 룩 주 하 나 님
hei - lig, hei - lig ist Gott der Herr.
ho - ly, ho - ly is God the Lord.
거 룩 거 룩 주 하 나 님
hei - lig, hei - lig ist Gott der Herr.
ho - ly, ho - ly is God the Lord.
A
f
가 득 찼 도 다 거 룩 주
sei - ner Eh - re voll. Hei - lig ist
fill - ed all the earth. Ho - ly is
p
f
하 늘 과 땅 에 가 득 찼 도 다 거 룩 주
Al - le Lan - de sind sei - ner Eh - re voll. Hei - lig ist
Now His glo - ry hath fill - ed all the earth. Ho - ly is
p
f
하 늘 과 땅 에 가 득 찼 도 다 거 룩 주
Al - le Lan - de sind sei - ner Eh - re voll. Hei - lig ist
Now His glo - ry hath fill - ed all the earth. Ho - ly is
p
f
하 늘 과 땅 에 가 득 가 득 히
Al - le Lan - de sind sei - ner, sei - ner
Now hath fill - ed the earth. Ho - ly is
23
A
ff

27
f
하 늘 과 땅 에 가 득 한 영 광 하 나 님
Al - le Lan - de sind sei - ner Eh - re voll, sind sei - ner
Now His glo - ry hath fill - ed all the earth; now His glo -
하 늘 과 땅 에 가 득 한 영 광 하 나 님
Al - le Lan - de sind sei - ner Eh - re voll, sind sei - ner
Now His glo - ry hath fill - ed all the earth; now His glo -
f
하 늘 과 땅 에 가 득 한 영 광 하 나 님 영 광
Al - le Lan - de sind sei - ner Eh - re voll, sind sei - ner Eh - re,
Now His glo - ry hath fill - ed all the earth; now fill - ed all the
하 늘 과 땅 에 가 득 한 영 광 하 나 님 영 광
Al - le Lan - de sind sei - ner Eh - re voll, sind sei - ner Eh - re,
Now His glo - ry hath fill - ed all the earth; now fill - ed all the
pp f pp
하 나 님 하 늘 과 땅 에 주 의 영 광 이 주 의
Gott der Herr. Al - le Lan - de sind sei - ner Eh - re voll, sei - ner
God the Lord. Now His glo - ry hath fill - ed all the earth; fill - ed
하 나 님 하 늘 과 땅 에 주 의 영 광 이 주 의
Gott der Herr. Al - le Lan - de sind sei - ner Eh - re voll, sei - ner
God the Lord. Now His glo - ry hath fill - ed all the earth; fill - ed
pp f pp
하 나 님 하 늘 과 땅 에 주 의 영 광 이 주 의
Gott der Herr. Al - le Lan - de sind sei - ner Eh - re voll, sei - ner
God the Lord. Now His glo - ry hath fill - ed all the earth; fill - ed
pp
찼 도 다 하 늘 과 땅 에 주 의 영 광 이 하 나 님
Eh - re voll. Al - le Lan - de sind sei - ner Eh - re voll, sind sei - ner
God the Lord. Now His glo - ry hath fill - ed all the earth; hath fill - ed
27
p ff dim. pp

32
영 광 가 득— 찼 도— 다 하 늘 과 땅 에 가 득 찼 도
Eh - re, sei - ner— Eh - re— voll. al - le Lan - de sind sei - ner Eh - re
ry hath fill - ed— all the— earth; now His glo - ry hath fill - ed all the
영 광 가 득 찼 도— 다 하 늘 과 땅 에 가 득 찼— 도
Eh - re, sei - ner Eh - re— voll. al - le Lan - de sind sei - ner Eh - re
ry hath fill - ed all the— earth; now His glo - ry hath fill - ed all— the
가— 득 찼 도 다 하 늘 과 땅 에 가 득 찼— 도
sei - ner Eh - re voll, al - le Lan - de sind sei - ner Eh - re
fill - ed all the earth, now His glo - ry hath fill - ed all— the
이 가 득 찼 도— 다 하 늘 과 땅 에 가 득 찼 도
voll, sei - ner Eh - re— voll, al - le Lan - de sind sei - ner Eh - re
earth, fill - ed all the— earth, now His glo - ry hath fill - ed all the
영 광 가 득 찼— 도 다 하 늘 과 땅 에 가 득 찼 도
Eh - re, sei - ner Eh - - re voll, al - le Lan - de sind sei - ner Eh - re
all, hath fill - ed all— the earth, now His glo - ry hath fill - ed all the
영 광 가 득 찼 도 다 하 늘 과 땅 에 가 득 찼 도
Eh - re, sei - ner Eh - re voll, al - le Lan - de sind sei - ner Eh - re
all, hath fill - ed all the earth, now His glo - ry hath fill - ed all the
영 광 가 득 찼— 도 다 하 늘 과 땅 에 가 득 찼 도
Eh - re, sei - ner Eh - - re voll, al - le Lan - de sind sei - ner Eh - re
all, hath fill - ed all— the earth, now His glo - ry hath fill - ed all the
영— 광 찼 도 다 하 늘 과 땅 에 가 득 찼 도
sei - - - ner Eh - re voll, al - le Lan - de sind sei - ner Eh - re
fill - - - ed all the earth, now His glo - ry hath fill - ed all the
32

36
다 주 의 영 광 가 득 찼 도 다 하
voll, sei - - - ner Eh - re, sei - ner Eh - re voll, al - - -
earth, fill - - - ed all the fill - ed all the earth, now
다 주 의 영 광 이 가 득 찼 도 다 하
voll, sei - ner Eh - re voll, sei - ner Eh - re voll, al - - -
earth, fill - ed all the earth, fill - ed all the earth, now
다 하 나 님 영 광 이 가 득 히 찼 도 다 하
voll, sind sei - ner Eh - re voll, sind sei - ner Eh - re voll, al - - -
earth, hath fill - ed all the earth, hath fill - ed all the earth, now
다 주 님 의 영 광 찼 도 다 하
voll, sind sei - ner, sei - ner Eh - re voll, al - - -
earth, hath fill - ed, fill - ed all the earth, now
다 하 나 님 영 광 가 득 찼 도 다 하 늘 과 땅 에
voll, sind sei - ner Eh - re, sei - ner Eh - re voll, al - le Lan - de sind
earth, His glo - ry now hath fill - ed all the earth, now His glo - ry hath
다 하 나 님 영 광 가 득 찼 도 다 하 늘 과 땅 에
voll, sind sei - ner Eh - re, sei - ner Eh - re voll, al - le Lan - de sind
earth, His glo - ry now hath fill - ed all the earth, now His glo - ry hath
다 하 나 님 영 광 가 득 찼 도 다 하 늘 과 땅 에
voll, sind sei - ner Eh - re, sei - ner Eh - re voll, al - le Lan - de sind
earth, His glo - ry now hath fill - ed all the earth, now His glo - ry hath
다 하 나 님 영 광 찼 도 다
voll, sind sei - ner, sei - - - ner Eh - re voll,
earth, His glo - ry hath fill - - - ed all the earth,
36

41
늘 온 땅 에 가 득 찼 도 다
- - - le Lan - - de sind sei - ner Eh - re voll.
His glo - - ry hath fill - ed all the earth.
늘 온 땅 에 가 득 찼 도 다
- - - le Lan - - de sind sei - ner Eh - re voll.
His glo - - ry hath fill - ed all the earth.
늘 온 땅 에 가 득 찼 도 다
- - - le Lan - - de sind sei - ner Eh - re voll.
His glo - - ry hath fill - ed all the earth.
늘 온 땅 에 가 득 찼 도 다
- - - le Lan - - de sind sei - ner Eh - re voll.
His glo - - ry hath fill - ed all the earth.
dim. p dim. pp
가 득 찼 도 다 가 득 히 찼 도 다
sei - ner Eh - re voll, sind sei - ner Eh - re voll.
fill - ed all the earth, hath fill - ed all the earth.
pp
가 득 찼 도 다 가 득 히 찼 도 다
sei - ner Eh - re voll, sind sei - ner Eh - re voll.
fill - ed all the earth, hath fill - ed all the earth.
dim. p dim. pp
가 득 찼 도 다 가 득 히 찼 도 다
sei - ner Eh - re voll, sind sei - ner Eh - re voll.
fill - ed all the earth, hath fill - ed all the earth.
pp
41
pp

36. 이제 돌아 가거라!

36. Gehe wiederum hinab!

왕상 19:18

합창과 서창(베이스－Elias)

A tempo adagio non troppo (♩ = 63)
Sopran
Alt
Tenor
Bass
mf
f
sf
이 제 돌 아 가 거 라 백 성 들 중 에 무 릎 꿇 지 아 니 한
Ge - he wie - der-um hin - ab! Noch sind ü - brig ge - blie ben sie - ben tau - send in
Go, re - turn up - on thy way! For the Lord yet hath left him sev - en thou - sand in
A tempo adagio non troppo (♩ = 63)
4
cresc.
칠 천 명 아 직 남 아 있 도 다 이 제 돌 아 가 거
Is - ra - el, die sich nicht ge - beugt vor Baal. Ge - he wie - der-um hin -
Is - ra - el, knees which have not bow'd to Baal. Go, re - turn up - on thy
4
cresc.

7 Sopran I
f
Recit.
이 제 돌 아 가 거 라 주 의 말 씀 이 라
Ge - he wie - der-um hin - ab, thu - - - e nach des Herrn Wort!
Go, re - turn up - on thy way; Thus the Lord com-mand - eth.
Sopran II
Alt I
f
이 제 돌 아 가 거 라 주 의 말 씀 이 라
Ge - he wie - der-um hin - ab, thu - e nach des Herrn Wort!
Go, re - turn up - on thy way; Thus the Lord com-mand - eth.
Alt II
f Tenor I
라 가 거 라 주 의 말 씀 이 라
ab, geh hin - ab, thu - e nach des Herrn Wort!
way, Go, re - turn; Thus the Lord com-mand - eth.
Tenor II
라 가 거 라 주 의 말 씀 이 라
ab, geh hin - ab, thu - e nach des Herrn Wort!
way, Go, re - turn; Thus the Lord com-mand - eth.
f Bass I
라 가 거 라 주 의 말 씀 이 라
ab, geh hin - ab, thu - e nach des Herrn Wort!
way, Go, re - turn; Thus the Lord com-mand - eth.
Bass II
라 가 거 라 주 의 말 씀 이 라
ab, geh hin - ab, thu - e nach des Herrn Wort!
way Go, re - turn; Thus the Lord com-mand - eth.
7
f
Recit.
p

나는 가리라
Ich gehe hinab

Piu mosso (♩ = 84)
Recit.
엘리야 (Bass)
나 는 가 리
Ich ge - he hin -
I go on my
cresc.
f
4
라 주 님 의 힘 으 로 주 님 계 시
ab in der Kraft des Herrn. Du bist ja der
way is the strength of the Lord. For Thou art my
f
cresc.
f
sf
7
니 나 비 록 고 통 당 할 지 라 도 나 는 기 뻐 하 며
Herr, ich muss um dei - net wil - len lei - den, dar um freu - et sich mein
Lord; and I will suf - fer for thy sake. My heart is there - fore
p
9
p
길 을 가 리 로 다 소 망 중 에 살 리 로 다
Herz und ich bin fröh - lich; auch mein Fleisch wird si - cher lie - gen.
glad; my glo - ry re - joi - ceth, and my flesh shall al - so rest in hope.

37. 높은 산이 평탄게 되고

37. Ja es sollen wohl Berge weichen

아리오소(베이스–Elias)

Andante sostenuto (♩ = 100)
p
4
엘리야 (Bass)
p
높 은 산 이 평 탄 케 되 고
Ja es sol - len wohl Ber - ge wei - chen,
For the moun - tains shall de - part,
dim.
p
7
산 봉 우 리 옮 겨 질 지 라 도 주 의 크 신
Ber - ge wei - chen, und Hü - gel hin - fal - - - len, a - ber dei - ne
and the hills, the hills be re - mov - - - ed; but Thy kind - ness shall
10
은 혜 주 의 크 신 은 혜 주 의
Gna - de, a - ber dei - ne Gna - - - de, dei - ne
not de - part; but Thy kind - ness, Thy kind - - - - - -
cresc.
p
cresc.

13
크 신 은 혜 변 치 않 으 리 주 가 주 신 참
Gna - de wird nicht von mir wei - - - - chen, und der Bund dei - nes
- - ness shall not de - part from me; nei - ther shall the
dim.
p
p
16
평 화 불 변 하 리 주 가 주 신 참 된
Frie - dens soll nicht fall - en, und der Bund, er soll nicht
co - ve-nant of Thy peace, of Thy peace be re -
cresc.
19
평 화 주 가 주 신 참 평 화 주 님
fall - en, und der Bund dei - nes Frie - dens, dei - nes
mov - ed, nei - ther shall the co - ve-nant of Thy
p
cresc.
22
안 에 변 치 않 으 리 주 의 크 신 은 혜 변 찮
Frie - dens soll nicht fal - len. Dei - ne Gna - de wird nicht von mir
peace be re - mov - ed; but Thy kind - ness shall not de -
dim.
p

25
cresc.
으 리 변 치 않 으 리 라 주 의 은
wei - chen, wird nicht von mir wei - chen, dei - ne Gna - - -
part, shall not de - part, but Thy kind - - -
cresc.
p
28
혜 변 치 않 으 리 라 변 치 않 으 리
- - de wird nicht von mir wei - - chen, nicht von mir wei - - -
- - ness shall not de - part, shall not de - part from
p
31
라 주 님 이 주 신 평
chen, und der Bund dei - nes Frie - - -
me; nei - ther shall be re - mov - ed the co - - -
34
화 간 직 하 리 라
- - - dens soll nicht fal - - - len.
- - ve - nant of Thy peace.
p
dim.

38. 선지자 엘리야 불같이 솟아나고

38. Und der Prophet Elias

(합 창)

Moderato maestoso (♩ = 76)
Sopran
Alt
Tenor
Bass
f
주 선 지 자 엘
Und der Pro-phet E-
Then did E-li-jah the
Moderato maestoso (♩ = 76)
sf
4
리 야 불 같 이 솟 아 나 고 그 가 한 말 은 횃 불 과
li-as brach her-vor wie ein Feu-er, Und sein Wort brann-te wie ei-ne
pro-phet break forth like a fire; his words ap-pear-ed like bur-ning

7
갈 네 그 가 한 말 은 횃불과 같 네 그가한
Fa - ckel, und sein Wort brann - te wie ei - ne Fa - ckel, wie ei - ne
torch - es, his words ap - pear - ed like bur-ning torch - es, like bur-ning
그 가 한 말 횃 불 과 같 네 횃 불 과 같 네
und sein Wort brann - te, sein Wort brann - te wie ei - ne Fa - ckel,
his words ap - peared like bur - ning torch - es, like bur-ning torch - es,
같 네 그 가 한 말 은 횃 불 과 같 네
Fa - ckel, und sein Wort brann - te wie ei - ne Fa - ckel,
torch - es, his words ap - pear - ed like bur-ning torch - es,
그 가 한 말 은 횃 불 과-같 네 횃 불 과-
und sein Wort brann - te wie ei - ne Fa - ckel, wie ei - ne
his words ap - pear - ed like bur-ning torch - es, like bur-ning
7
sf
10
A
말 은 횃 불 과 같 네
Fa - ckel, wie ei - ne Fa - ckel.
torch - es, like bur-ning torch - es.
횃 불 과 같 네
wie ei - ne Fa - ckel.
like bur-ning torch - es.
f
횃 불 과 같 네 그 가
wie ei - ne Fa - ckel. Er hat
like bur-ning torch - es. Might - y
f
같 네 그 가 권 세 있 는 왕 들
Fa - ckel. Er hat stol - ze Kö - ni - ge ge-
torch - es. Might - y kings by him were o - ver-
10
A
sf sf sf sf

13
f
그 가
Er hat
Might - y
f
그 가 권 세 있 는 왕 들
Er - hat stol - - - - ze Kö - ni - ge ge -
Might - y kings by him were o - ver -
권 세 있 는 왕 들 을 그 가
stol - - - - - ze Kö - ni - ge ge - stürzt, er hat
kings by him were o - ver - thrown, might - - - - - y
을 물 러 나 게 하
stürzt, er - hat stol - ze Kö - - - - -
thrown, might - y, might - y kings
13
15
권 세 있 는 왕 들 을 물 러 나 게
stol - - - - ze Kö - ni - ge ge - stürzt, er - hat stol - ze,
kings by him were o - ver - thrown; By him might - y,
을 강 한 왕 들 을 왕 들 을 물
stürzt, Kö - - - - - ni - ge ge - stürzt, er hat sie ge -
thrown, kings were o - ver - thrown; By him kings were
권 세 있 는 왕 들 을 왕 들 을
stol - - - - ze Kö - ni - ge ge - stürzt, hat stol - ze,
kings by him were o - ver - thrown; were o - ver -
였 다 힘 있 는 왕 들 을 왕 들 을 물
- - - ni - ge, hat Kö - ni - ge ge - stürzt, er hat sie ge -
were o - ver - thro-wn, were o - ver - thrown; By him kings were
15

17
f
물 러 나 게 하 였 다 그 가 호 렙 산 에 있 을 때 장
stol - ze Kö - ni - ge ge - stürzt. Er hat auf dem Berge Si - na - i ge -
might - y kings were o - ver - thrown. He stood on the mount of Si - na - i, and
러 나 게 — 하 였 다
stürzt, er hat — sie ge - stürzt.
o - ver - thrown, o - ver - thrown.
f
물 러 나 게 하 였 다 그 가 호 렙 산 에 있 을 때 장
stol - ze Kö - ni - ge ge - stürzt. Er hat auf dem Berge Si - na - i ge
thrown By him were o - ver - thrown. He stood on the mount of Si - na - i, and
러 나 게 하 였 다
stürzt, er hat sie ge - stürzt.
o - ver - thrown, o - ver - thrown.
17
sf
20
sf
래 의 심 판 들 었 으 니 호 렙 산 의 그
hört die zu - künf - ti - ge Stra - fe, und in Ho - reb die
heard the judg - ments of the fu - ture, and in Ho - reb, its
호 렙 산 의 그
und in Ho - reb die
and in Ho - reb, its
sf
래 의 심 판 들 었 으 니 호 렙 산 의
hört die zu - künf - ti - ge Stra - fe, und in Ho - reb,
heard the judg - ments of the fu - ture, and in Ho - reb,
20

23
심 판 호 렙 산 의 그
Ra - che, und in Ho - - - - reb die
ven - geance; and in Ho - - - - reb, its
심 판 호 렙 산 의 그
Ra che, und in Ho - reb die
ven - geance; and in Ho - reb its
호 렙 산 의 심 판 호 렙 산
in Ho - reb die Ra - che, in Ho - reb,
in Ho - reb its ven - geance, in Ho - reb,
호 렙 산 의 그 심 판 호 렙
und in Ho - reb die Ra - che, und in
and in Ho - reb its ven - geance, and in
23
25
심 판 호 렙 산 의 그 심—— 판 앞 으— 로 이루
Ra - che, und in Ho - reb die Ra - - - che, die zu - künf - ti - ge
ven - geance, and in Ho - reb, its ven - - - geance; the judg - ments of the
그 심 판 호 렙 산 의 그 심 판 앞 으 로 이루
und in Ho - reb, in Ho - reb die Ra - - - che, die zu - künf - ti - ge
and in Ho - reb, in Ho - reb its ven - - - geance; the judg - ments of the
산 의 호 렙 산 의 그 심 판 앞 으 로 이루
Ho - - - reb, und in Ho - reb die Ra - - - che, die zu - künf - ti - ge
Ho - - - reb, and in Ho - reb its ven - - - geance; the judg - ments of the
25
sf

28
B
어 질 호렙산— 의 그 심 판
Stra - fe und in Ho - reb die Ra - che.
fu - ture, and in Ho - reb its ven - geance.
어 질 호렙산 의 그 심 판
Stra - fe und in Ho - reb die Ra - che.
fu - ture, and in Ho - reb its ven - geance.
어 질 호렙산 의 그– 심 판
Stra - fe und in Ho - reb die– Ra - che.
fu - ture, and in Ho - reb its– ven - geance.
sf
sempre ff
31
f
하 나 님 이 그 를 하 늘 데 려
Und da der Herr ihn woll - te gen Him - mel
And when the Lord would take him a - way to
하 나 님 이 그 를 하 늘 데 려
Und da der Herr ihn woll - te gen Him - mel
And when the Lord would take him a - way to
하 나 님 이 그 를 하 늘 데 려
Und da der Herr ihn woll - te gen Him - mel
And when the Lord would take him a - way to

33
sf
p
가 네 보 라 불
ho - len, sie - he! da
heav - en, Lo! there
sf
p
가 네 보 라 불
ho - len, sie - he! da
heav - en, Lo! there
가 네
ho - len,
heav - en,
33
p
35
cresc.
f
수 레 가 내 려 온 다 저 기 불 말 도 함 께 온 다 회 오
kam ein fen - ri-ger Wa - gen mit feu - ri-gen, feu - ri-gen Ros - sen, und er
came a fi - e-ry char - iot, with fi - e-ry, fi - e-ry hors - es; and he
cresc.
f
수 레 가 내 려 온 다 저 기 불 말 도 함 께 온 다 회 오
kam ein fen - ri-ger Wa - gen mit feu - ri-gen, feu - ri-gen Ros - sen, und er
came a fi - e-ry char - iot, with fi - e-ry, fi - e-ry hors - es; and he
35
cresc.

37
p
리 바 람 타 고 간 다 불
fuhr im Wet - - ter gen Him - - - mel, da
went by a whirl - wind to heav - - - en, there
p
리 바 람 타 고 간 다 불
fuhr im Wet - - ter gen Him - - - mel, da
went by a whirl - wind to heav - - - en, there
37
f
ff
p
39
cresc.
f
수 레 가 내려온 다 저 기 불 말 도 함께 온 다 회 오
kam ein feu - rig-er Wa - gen mit feu - ri-gen, feu - ri-gen Ros - sen, und er
came a fi - e - ry char - iot with fi - e - ry, fi - e - ry hors - es; and he
cresc.
f
수 레 가 내려온 다 저 기 불 말 도 함께 온 다 회 오
kam ein feu - rig-er Wa - gen mit feu - ri-gen, feu - ri-gen Ros - sen, und er
came a fi - e - ry char - iot with fi - e - ry, fi - e - ry hors - es; and he
39
cresc.

41
리 바—— 람 타 고 간 다 회 오
fuhr im—— Wet - - ter gen Him - mel, und er
went by a whirl - wind to heav - en, and he
리 바—— 람 타 고 간—— 다 회 오
fuhr im—— Wet - - ter gen Him - mel, und er
went by a whirl - wind to heav - en, and he
41
ff
ff
43
리 바—— 람 타 고 간 다 휘 몰
fuhr im—— Wet - - ter gen Him - mel, und er
went by a whirl - wind to heav - - en, and he
리 바—— 람 타 고 간—— 다 휘 몰
fuhr im—— Wet - - ter gen Him - mel, und er
went by a whirl - wind to heav - - en, and he
43
ff

45
아 치 는 회 오 리 바 람 타 고
fuhr im Wet - ter, er fuhr im Wet - ter, er
went by a whirl - wind, he went by a whirl - wind, he
아 치 는 회 오 리 바 람 타 고
fuhr im Wet - ter, er fuhr im Wet - ter, er
went by a whirl - wind, he went by a whirl - wind, he
회오리 바 람 타 고간 다 그 가
und er fuhr im Wet - ter gen Him - mel, und er
and he went by a whirl - - - - wind, he
45
47
C
ff
하 늘 저 하 늘 로
fuhr im Wet - - - - - - - - - - - - - - ter gen
went by a whirl - - - - - - - - - - - - - - wind to
하 늘 저 하 늘 로 간 다 바
fuhr im Wet - - - - - - - - ter gen Him - mel, er
went by a whirl - - - - - - - - wind to heav - en, he
ff
하 늘 에 바 람 타 고 서
fuhr im Wet - - - - - ter, er fuhr im Wet -
went by a whirl - - - - - wind went by a whirl -
하 늘 에 올 라
fuhr im Wet - - - - - - - - - - - - - - ter gen
went by a whirl - - - - - - - - - - - - - - wind to
47
C
ff
sf

49
간 다 바 람 타 고 하 늘 올 라
Him - mel, er fuhr, er fuhr im Wet - ter gen
heav - en, he went, went by a whirl - wind to
람 타 고 올 라 간
fuhr im Wet - - - - ter gen Him - - - - -
went by a whirl - - - - wind to heav - - - -
올 라 간 다 하 늘 올 라 간
- - - ter gen Him - mel, im Wet - ter gen Him - - - - -
- - - wind to heaven, by a whirl - wind to heav - - - -
간 다
Him - - - - - - - - - - - - - - - - - mel.
heav - - - - - - - - - - - - - - - - - en.
51
간 다
Him - mel.
heav - en.
다
mel,
en.
다 회 오 리 바 람 타 고
mel, er fuhr im Wet - ter gen
en. He went by whirl - wind to
회 오 리 바 람 타 고 간 다 회오 리 바 람 타 고
er fuhr im Wet - ter gen Him - mel, fuhr im Wet - ter gen
He went by a whirl - wind to heav - en, went by a whril - wind to
ff

53
ff
회 오 리 바 람 타 고 간 다 하 늘
er fuhr im Wet - - - ter gen Him - mel, im Wet -
He went by a whirl - wind to heav - en, a whirl -
ff
간 다 그 가 바 람 타 고 간 다 하 늘
Him - mel, fuhr im Wet - - - ter gen Him - mel, im Wet -
heav - en, went by a whirl - wind to heav - en, a whirl -
간 다 그 가 바 람 타 고 간 다
Him - mel, fuhr im Wet - - - ter gen Him - mel,
heav - en, went by a whirl - wind to heav - en,
53
sf
55
rit.
로 저 하 늘 로 올 라 간 다
ter, im Wet - - - - ter fuhr er gen Him - mel.
wind, by a whirl - - - - wind went he to heav - en.
rit.
로 저 하 늘 로 올 라 간 다
ter, im Wet - - - - ter fuhr er gen Him - mel.
wind, by a whirl - - - - wind went he to heav - en.
55
ff
sf
sf
rit.
attacca

39. 이 땅에 정의 나타나서

39. Dann werden die Gerechten leuchten

영창(테너)

Andante (♩ = 80)
Tenor Solo
이 땅 에 정 의 나 타 나 서 태 양
Dann wer - den die Ge-rech - ten leuch - ten, wie die
Then, then shall the right - eous shine forth as the
p
4
처 럼 밝 게 빛 나 리 라 찬 란 한 태 양
Son - ne in ih - res Va - ters Reich, leuch - ten, wie die
sun in their heav-enly Fa - ther's realm, shine forth as the
sf
mf
8
처 럼 밝 게 빛 나 리 라 이 땅 에 정 의 나 타 나 빛
Son - ne in ih - res Va - ters Reich, dann wer-den die Ge - rech - ten, die Ge -
sun in their heav-enly Fa - ther's realm, Then shall the right-eous shine forth in their
p
12
나 게 되 리 라 찬란 한 태 양 처 럼 밝 게 빛
rech - ten leuch - ten, wie die Son - ne, wie die Son - - - ne in
heaven - ly Fa - ther's realm, as the sun, as the sun in their

16
나 게 되 리 — 라 온 땅 에 기 쁨 충 만 하 게
ih - res Va - ters — Reich. Won - ne und Freu - de wer - den sie er -
heavn - ly Fa - ther's — realm. Joy on their head shall be for ev - er
p
mf
p
20
되 리 온 땅 에 기 쁨 충 만 하 게 되 리 정 의
grei - fen, Won - ne und Freu - de wer - den sie er - grei - fen. A - ber
last - ing, Joy on their head shall be for ev - er last - ing, and all
p
23
cresc.
dim.
앞 에 슬 픔 과 한 숨 물 러 가 리 로 다 — 사 라 지
Trau - ern, Trau - ern und Seuf - zen wird vor ih - nen flie - hen, — vor ih - nen
sor - row and mourn - ing shall flee a - way, — shall — flee — a - way for -
cresc.
f
dim.
26
sf
리 라 이 땅 에 정 의 나 타 나 서 태 양
flie - hen. Dann wer - den die Ge - rech - ten leuch - ten, wie die
ev - er. Then, then — shall the right - eous shine forth as the
p

29
cresc.
처 럼밝 게빛나 리라 밝 게 밝 게빛
Son - ne in ih - res Va - ters Reich leuch - ten, leuch - ten in
sun in their heavn - ly Fa - ther's realm, shine forth, shine in their
sf
cresc.
sf
p
33
cresc.
f
나 게되 리— 라 밝 은 태 양 처
ih - res Va - ters — Reich, leuch - ten wie die Son - - - -
heaven - ly Fa - ther's — realm, shine forth as the sun
cresc.
f
sf
37
p
— 럼 밝 게 빛 나 리— 라 아 버 지 나 라
- ne in ih - res Va - ters — Reich, in ih - res Va - ters
— in their heavn - ly Fa - ther's — realm; then shall the right - eous
p
dim.
41
에 밝— 게 빛 나 리 라
Reich, in — ih - res Va - ters Reich.
shine in their heav'n - ly Fa - ther's realm.
pp
p
Ped.

40. 하나님이 엘리야를 보내셨다

40. Darum ward gesendet

서창(소프라노)

말 4:5-6

Andante sostenuto (♩ = 69)
Sopran Solo
주 께 서 엘 리 야 를 보 내 셨 도 다 두 렵 고
Da - rum ward ge-sen-det der Pro-phet Eli - as, eh's denn da
Be-hold, God hath sent E - li - jah the pro-phet, be - fore the
떨 리 는 주 의 그 날 이 오 기 전 에 부 모 의 마 음 자 녀 들
kom - me der gro - sse und schre-ckli-che Tag des Herrn. Er soll das Herz der Vä - ter be-
coming of the great and dread - ful day of the Lord. And he shall turn the heart of the
Recit.
에 게 자 녀 들 은 부 모 에 게 향 하 게 하 리 로 다 하 나 님 오
keh - ren zu den Kin - dern, und das Herz der Kin - der zu ih - ren Vä - tern; dass der Herr nicht
fa - thers to the child-ren, and the heart of the child-ren un - to their fa - thers: lest the Lord shall
Tempo
셔 서 이 세 상 을 멸 망 하 기 전 에
kom - me und das Erdre - ich, mit den Ban - ne schla - ge.
come and smite the earth, and smite the earth with a curse.
cresc.

41. 천사들이 해 돋는 곳에서

41. Aber einer erwacht von Mitternacht

(합 창)

사 41:25

Andante con moto (♩ = 88)
Sopran
Alt
Tenor
Bass
mf
sf
p
한 사 람 이 해 뜨 는 곳 에 서 한 밤
A - ber ei - ner er - wacht von Mit - ter - nacht, und er
But the Lord from the north hath rais - ed one, who, from the
Andante con moto (♩ = 88)
pp
cresc.
ff
p

6
f
중 에 일 어 나 리 로 다
kommt vom Auf - gang der Son - ne.
ris - ing, on his name shall call.
6
cresc.
f
p

10
10
cresc.
13
mf
cresc.
한 사 람 이 해 뜨 는 곳 에 서 한 사
A - - - ber ei - ner er-wacht von Mit - ter-nacht, a - ber
But the Lord, from the north hath rais - ed one, but the
mf
한 사 람 이 해 뜨 는
A - - - ber ei - ner er-wacht von
But the Lord, from he north hath
mf
cresc.
한 사
A - - - ber
But the
13
p
cresc.

16
mf
cresc.
f
cresc.
한 사 람 이 해 뜨 는 곳 에 서 한 밤
A - - - ber ei - ner er-wacht von Mit - ter - nacht, und er
But the Lord, from the north hath rais - ed one, He hath
람 이 해 뜨 는 곳 에 서 그 곳 에 서 한 밤
ei - ner er-wacht von Mit - ter - nacht, von Mit - ter - nacht, und er
Lord from the north hath rais - ed one, hath rais - ed one, He hath
곳 에 서 해 뜨 는 곳 에 서 그 곳 에 서 한 밤
Mit - ter-nacht, er-wacht von Mit - ter - nacht, von Mit - ter - nacht, und er
rais - ed one, the Lord hath rais - ed one, hath rais - ed one, He hath
람 이 해 뜨 는 곳 에 서 해 뜨 는 곳 에 서 한 밤
ei - ner er-wacht von Mit - ter - nacht, er wacht von Mit - ter - nacht, und er
Lord, from the north hath rais - ed one, the north hath rais - ed one, He hath
19
중 에 일 어 나 리 라 일 어 나
kommt vom Auf - - - gang er kommt vom Auf - gang der
rais - - - ed one, who from the ris - - - ing of the
중 에 일 어 나 리 라 일 어 나
kommt vom Auf - gang er kommt vom Auf - gang der
rais - - - ed one, who from the ris - - - ing of the
중 에 일 어 나 리 라 일 어 나 리 라 일 어 나
kommt vom Auf - gang der Son - ne, er kommt, er kommt vom Auf - gang der
rais - ed one, rais - ed one, who from the ris - - - ing of the

22
A
ff
리 라 그 이 름
Son - - - ne, der wird des
sun, shall call up -
ff
리 라 그 이 름
Son - - - ne, der wird des
sun, shall call up -
22
A
ff
25
땅 에 선 포 되 리 라 그 가 가 진 권 세 매 우 크
Herrn Na - men pre - di - gen und wird ü - ber die Ge - wal - ti - gen
on his name up - on his name, call up - on his name, and come on
땅 에 선 포 되 리 라 그 가 가 진 권 세 매 우 크
Herrn Na - men pre - di - gen und wird ü - ber die Ge - wal - ti - gen
on his name up - on his name, call up - on his name, and come on
25

28
도 다 하 나 님 께 서 선 택 한 자 니 영 혼 은
ge - hen; das ist sein Knecht, sein Aus - er - wähl - ter, an wel - chem
Prin - ces. Be-hold my ser - vant, and mine e - lect, and mine e -
도 다 하 나 님 께 서 선 택 한 자 니 영 혼 은
ge - hen; das ist sein Knecht, sein Aus - er - wähl - ter, an wel - chem
Prin - ces. Be-hold my ser - vant, and mine e - lect, and mine e -
28
f
31
B
기 뻐 하 며 만 족 - 하 도 다
sei - ne See - le Wohl - - - - ge - fal - len hat.
lect, in whom my soul de - light - eth!
기 뻐 하 며 만 족 하 도 다
sei - ne See - le Wohl - ge - fal - len hat.
lect, in whom my soul de - light - - - eth!
기 뻐 하 며 만 족 하 도 다
sei - ne See - le Wohl - ge - fal - len hat.
lect, in whom my soul de - light - - - eth!
하 나 님 의
Auf ihm wird
On him the
31
B

35
하 나 님의
Auf ihm wird
On him the
하 나 님의 영 함께하 시
auf ihm wird ru - hen der Geist des
On him the Spir - it of God shall
하 나 님의 영 함께하 시 니 함 께 하
Auf ihm wird ru - hen der Geist des Herrn, der Geist des
On him the spir - it of God shall rest; of God shall
영 함께하 시 니 함 께 하
ru - her der Geist des Herrn, der Geist des
Spir - it of God shall rest, of God shall
35
38
영 이함께 하 니 우 리 하 나 님의
ru - hen der Geist des Herrn, des Herrn, auf ihm wird
Spir - it of God shall rest; shall rest; on him the
니 영 이 하 나 님의 영 이 함 께 하
Herrn, auf ihm, auf ihm wird ru - hen der Geist des
rest, on him, on him the Spir - it of God shall
니 하 나 님의 영 이함께 하 니 영 이
Herrn, auf ihm, wird ru - hen der Geist des Herrn, auf ihm,
rest; on him the Spir - it of God shall rest, shall rest;
니 하 나 님의 영 이함께 하 니
Herrn, auf ihm, wird ru - hen der Geist des Herrn,
rest; on him the Spir - it of God shall rest
38

41
영 이 함 께 하 니 하 나 님 의
ru - hen der Geist des Herrn. auf ihm wird
Spi - rit of God shall rest; on him the
니 하 나 님 의 영 이 함 께 하
Herrn, auf ihm wird ru - hen der Geist des
rest, on him the Spi - rit of God shall
하 나 님 의 영 이 함 께 하
auf ihm wird ru - hen der Geist des
on him the Spi - rit of God shall
하 나 님 의 영 하 나 님 의
auf ihm wird ruh'n, auf ihm wird
on him the Spi - rit on him the
41
f
44
f
영 이 함 께 하 니 지 혜 의
ru - hen der Geist des Herrn, der Geist der
Spi - rit of God shall rest; the spirit of
니 하 나 님 의 영 이 함 께 하 니
Herrn, auf ihm wird ru - hen der Geist des Herrn,
rest, on him the Spi - rit of God shall rest;
f
니 그 영 이 함 께 하 니 지 혜 의
Herrn, wird ru - hen der Geist des Herrn, der Geist der
rest, the Spi - rit of God shall rest; the spirit of
영 이 함 께 하 니 함 께 하 니
ru - hen der Geist des Herrn, der Geist des Herrn,
Spi - rit of God shall rest, the spirit of God
44
f

47
영 과 뛰 어 난 이 성 조 언 의 영 강 한 힘 과 판 결 하 는
Weis-heit und des Ver-stan-des, der Geist des Rath's und der Stär-ke, der Geist der Er-
wis-dom, and un-der-stan-ding, the spirit of might and of coun-sel, the spir-it of
영 과 뛰 어 난 이 성 조 언 의 영 강 한 힘 과 판 결 하 는
Weis-heit und des Ver-stan-des, der Geist des Rath's und der Stär-ke, der Geist der Er-
wis-dom, and un-der-stan-ding, the spirit of might and of coun-sel, the spir-it of
47
f
51
C
p
영 을 지 닌 자 로 다
kennt-niss und der Furcht des Herrn.
know-ledge, and of the fear of the Lord.
p
p cresc.
cresc.
영 을 한 사 람 이 해 돋 는
kennt-niss A-ber ei-ner er-wacht von
know-ledge, Thus saith Lord: "I have rais-ed
p cresc.
51
C
p
cresc.

55
cresc.
f
어 두 운 밤 중 에 일 어 나
Und er kommt, er kommt vom Auf - gang der
"who from the ris - ing, on my
f
곳 에 서 밤 에 일 어
Mit - ter - nacht, und erkommt vom
one from north, who on my
f
55
f
ff
p
cresc.
58
리 라
Son - - - - ne.
name shall call."
나 리 라
Auf - - - - gang.
name shall call."
58
f
ff
p
sf

오라, 너 목마른 자들아

Wohlan, alle die ihr durstig seid

(사중창)

사 55:1

Andante sostenuto (♩ = 76)
p
4
Sopran Solo
오 라 너 목 마 른 자 들 아 물 로 나 오 라 목
Wohl - an, Al - le die ihr durs - tig seid, kommt her zum Was - ser, kommt
O come, ev' - ry one that thirst - eth, O come to the wa - ters, O
pp
7
마 른 자 들 아 오 라 너 목 마 른 자 들 아 물
her zu ihm! Wohl - an, Al - le die ihr durs - tig seid, kommt
come un - to Him, O come, ev' - ry one that thirst - eth, O
sf
p
10
로 오 라 목 마 른 자 들
her zu ihm, kommt her zum was - ser,
come to Him, O come to the wa - ters,

13
아 오 라
kommt zu ihm!
come un - to Him,
Alto Solo
오 라 너 목 마 른 자 들 아
Wohl - an, Al - le die ihr dur - stig seid,
O come, ev' - ry one that thirst - eth, come,
Bass Solo
오 라 너 목 마 른
Wohl an, Al - le die ihr
O come, ev' - ry one that
13
p
16
cresc.
오
Wohl-
O
cresc.
물 로 나 오 라 목 마 른 자 여 주
kommt her zum Was - ser, kommt zu ihm, kommt her zu
come to the wa - ters, come to Him, come un - to
Tenor Solo
cresc.
오 라 너 목 마 른
Wohl - an, Al - le die ihr
O come, ev' - ry one that
cresc.
자 들 아 물 로 나 오 라 모 두 주
dur - stig seid, kommt her zum Was - ser, kommt her zu
thirst - eth come, come to the wa - ters, come un - to
16

19
p
라 너 목 마 른 자 들 아 주 께 오 라 귀
an, Al - - - le die ihr dur - stig seid, kommt her zu ihm, und
come, ev' - - - ry one that thirst - eth, come ye un - to Him, O
께 오 라 주 께 오 라 귀
ihm, zu ihm, kommt her zu ihm, und
Him, to Him, come ye un - to Him, O
자 들 아 주 께 오 라 주 께 오 라 너
dur - - stig seid, kommt her zu ihm, kommt her zu ihm, so
thirst - eth, come ye un - - to Him, come un - to Him, O
께 오 라 귀
ihm, zu ihm, und
Him, to Him, O
19
cresc.
p
22
를 기 울 여 말 씀 따 르 면 너 희 영 이 소 생
neigt eu - er Ohr und kommt zu ihm, so wird eu - re See - le
hear, and your souls shall live for - ev - er, your souls shall live for -
희 영 이 소 생 영 이 소 생
wird eu - - - re See - - - - - le, eu - re See - le
hear, hear, and your souls shall live for -
를 기 울 여 말 씀 따 르 면 너 희 영 이 소 생
neigt eu - er Ohr und kommt zu ihm, so wird eu - re See - le
hear, and your souls shall live for - ev - er, your souls shall live for
22

25
하 리 라 귀 를 기 울 여 말 씀 따 르 면 너
le - ben, und neigt eu - er Ohr, und kommt zu ihm, so
ev - er; O hear, and your souls shall live for - ev - er, O
하 리 라 귀 를 기 울 여 말 씀 따 르 면 너
le - ben, und neigt eu - er Ohr, und kommt zu ihm, so
ev - er; O hear, and your souls shall live for-ever, O
25
p
28
cresc.
희 영 이 소 생 하 리 라 소 생 하
wird eu - re See - - - - le le - - - - ben, so wird sie
come, to the wa - ters, O come to the wa - ters,
희 영 이 소 생 소 생
wird eu - re See - - - - le le - - - - - - - - - ben,
come to the wa - ters, O come ev' - - - ry
cresc.
희 영 이 소 생 하 리 라 소 생 하
wird eu - re See - le le - ben, so wird sie
come to the wa - ters, come to the wa - - - - - ters
28
p

31
리 —— 라
le - ben.
come un - to Him.
목 마
Die ihr
To the
하 리 라 모 두 —— 주 께
le - ben. Wohl - an, —— Al - le,
one to Him! O come to the wa - ters,
리 — 라 나 아 —— 오 라
le - ben. Wohl - an, —— Al - le,
come to Him, O come to the wa - ters,
목 마 른 자 들 아
Die ihr dur - stig seid,
O come un - to Him;
p
cresc.
p
35
른 자 들 아 —— 오 라
dur - stig seid, —— wohl - an,
wa - ters, come —— O come,
오 라 너 —— 목 마 른
wohl - an, Al - - le die ihr
O come ev' - - - ry one that
오 라 너 — 목 마 른 자 들 아 물 로 나
wohl - an, Al - le die ihr dur - stig seid, kommt her zum
O come, ev' - ry one that come — ev' - ry one, that
오 라 너 목 마 른 자
wohl - an, Al - le kommt her zum
O come, come ev' - ry one ——
cresc.
p

38
오 라 너 목 이 마 른 자 들
wohl - an, ihr Al - le die ihr dur - stig
O come, come ev' - ry one that thirst - eth,
자 들 아 오 라 목 마 른 자 들
dur - - stig seid, kommt her, ihr Al - le die ihr
thirst - - eth, come to Him; come ev' - ry one that
오 라 목 마 른 자 들 아 목 마 른 자 들
Was - ser, kommt her zu ihm, ihr Al - le die ihr
wa - ters, O come un - to Him; come ev' - ry one that
오 라 목 마 른 자 들 아 다 오 라
Was - ser, kommt her zu ihm, kommt her, kommt
come to the wa - ters, come, O come to
38
sf p
41
아 주 께 오 라 목 마 른 자
seid, kommt her zu ihm, kommt her zum Was - - - -
come, O come to Him, O come to the wa - - - -
아 주 께 오 라 주 님
dur - - stig seid, kommt her zum Was -
thirst - eth, to the wa - - - - - - - - - - -
아 주 께 오 라 주 님
dur - - stig seid, kommt her zum Was - - - -
thirst - eth, to the wa - - - - - ters come,
라 목 마 른 자 다
her, kommt her zu ihm, kommt,
Him! O come to Him, come,
41

44
cresc.
sf
f
여 — 주 님 께 오 라 주 께
- - ser, kommt zu ihm, kommt her, kommt her,
- - ters, come to Him, O come, O come,
f
께 나 오 라 주 께 주 께 오 라
- - ser, kommt zu ihm, kommt her, kommt her zu ihm,
- - ters, come to Him, O come, O come to Him,
cresc.
f
께 — 나 오 라 주 께 오 라
- - ser, kommt zu ihm, kommt her, kommt her,
O come to Him, O come to Him,
f
주 님 께 다 나 오 라
kommt zu ihm, kommt her zu ihm,
come to Him, O come to Him,
44
48
p
다 — 나 오 라
kommt her zu ihm!
O come to Him!
p
다 나 오 라
kommt her zu ihm!
O come to Him!
p
다 나 오 라
kommt zu ihm!
O come to Him!
p
48
mf
sf
dim.
p

42. 그때 너희 빛이

42. Alsdann wird euer Licht

(합 창)

Andante maestoso (♩ = 96)
Sopran
Alt
Tenor
Bass
f
그 때 너 희 의 빛 아
Als - dann wird eu - er Licht her -
And then, then shall your light break
ff
4
침 먼 동 처 럼 빛 나 리 라 너
vor - bre - chen wie die Mor - gen - rö - the, und
forth as the light of morn - ing break - eth, and your

7
p
희 는 빨 리회 복 하 리 라 놀 라
eu - re Bes - se-rung wird schnell wach - sen, und die
health shall spee - di - ly spring forth then; And the
희 는 빨 리회 복 하 리 라 놀 라 운 주 의 영
eu - re Bes - se-rung wird schnell wach - sen, und die Herr lich keit des
health shall spee - di - ly spring forth then; And the glo - ry of the
7
p
11
cresc.
운 주 의 영 광 을 보 게 되 리 라 주
Herr - lich - keit des Herrn wird euch zu sich neh - men, wird
glo - ry of the Lord ev - - - - er shall re - ward you, ev -
놀 라 운 주 의 영 광 을
und die Herr - lich - keit des Herrn wird
And the glo - ry of the Lord ev -
cresc.
광 을 보 게 되 리 라 놀 라 운 주 의
Herrn wird euch zu sich neh - - - men, die Herr - lich - keit des
Lord ev - er shall re - ward you, the glo - ry of the
놀 라 운 주 의 영 광 보 게 되 리 로
und die Herr - lich - keit des Herrn wird euch zu sich neh -
And the glo - ry of the Lord ev - er shall re - ward
11
cresc.

15
f
— 의 영 광 보 리 라
— euch zu sich, zu sich neh - - - -
- - er, ev - er shall re - ward,
— 보 리 라 보 리 로 다
— euch zu sich, zu sich neh - men.
- - er shall re - ward, re - - - - ward you.
영 광 보 게 되 리 로
Herrn wird euch zu sich neh - - - -
Lord ev - er shall re - ward
— 다 보 게 되 리 로
- - - men, wird euch zu sich neh - - - -
— you, ev - er shall re - ward
시 8:1
18
Allegro Doppio movimento (𝅗𝅥 = 96)
다
men.
you.
여 호 와 이 름 온 땅 위 에 얼 마 나 아 름 다
Herr un - ser Herr - scher, wie herr - lich ist dein Na - me in al - len
Lord our Cre - a - tor, how ex - cel - lent Thy Name is in all the
다
men.
you.
다
men.
you.

23
여 호 와 이 름 온 땅 에 얼 마 나 아 름 다 운
Herr un - ser Herr - scher wie herr - lich ist dein Na - me in al - len
Lord our Cre - a - tor, how ex - cel - lent Thy Name is in all the
운 지 요 여 호 와 이 름 온 땅 에
Lan - den, Herr, in al - len Lan den, in al - len
na - tions! Lord, in all the na - - - tions, in all the
28
지 요 주 의 영 광 온 세 상 위
Lan - den, Herr, wie herr - lich in al - len Lan - - -
na - tions, Lord, how ex - cel - lent in all the na - - -
충 만 주 님 의 영 광 충 만 하
Lan - den, in al len Lan - - - den, al - - - len Lan - - -
na - tions, in all the na - - - tions, all the na - - -
f
여 호 와 이 름 온 땅 에 얼 마 나 아 름
Herr un - ser Herr - scher, wie herr - lich ist dein Na - me in
Lord, our Cre - a - tor, how ex - cel - lent Thy Name is in

33
에 온 나 라 위 에 아 름 답 도
den, in al-len Lan - - - - - - den, in al-len Lan - - -
tions, in all the na - - - - - - tions, in all the na - - -
리 주 님 의 영 광 온 땅
- - den, Herr un-ser Herr-scher wie herr - - - - - - - - -
- - tions, Lord our Cre - a - tor, how ex - - - - - - - - -
f
여 호 와 이 름 온 땅 에 얼 마 나 아 름
Herr un - ser Herr - scher wie herr-lich ist dein Na - me in
Lord our Cre - a - tor, how ex - cel - lent Thy Name is in
다 운 지 요 영 광 이 땅
al - len Lan - den, in al - - - - - - len Lan - - -
all the na - tions, in all the na - - -
33
38
다 여 호 와 이 름 온 땅 에
den, wie herr - lich in al - len Lan - - - - - - den,
tions, how ex - - cel lent in all,
— 에 충 만 하 리 — 주 의 영 광
- - lich ist dein Na - - - - - - me, — Herr un ser Herr - - -
- - cel - lent, Thy Name is — Lord our Cre - a - - -
다 운 지 요 여 호 와 이 름 주 의 영
al - len Lan - den, in al - len Lan - den. Herr un - ser
all the na - tions, in all the na - tion! Lord, our Cre-
에 충 만 하 리 — 라
den, in al - len Lan - den.
tions, in all the na - tions!
38

43
온 세 상 위 에 얼
in al - len Lan - - - - - - - - - - - - - den, wie
in all the na - - - - - - - - - - - - - tions, how
이 온 땅 에 충 만 하 리
scher, wie herr - lich ist dein Na - - - me
tor, Cre - a - - - tor, how ex - cel - lent Thy Name
광 이 주 의 영 광 이 온
Herr - - - - - - - - - scher, Herr un - ser Herr - scher, wie
a - - - - - - - - - tor, Lord our Cre - a - tor, how
주 의 영 광 이 온 땅 에 충 만 하 리 충 만 하
Herr un - ser Herr - scher, wie herr - lich ist dein Na - me in al - len
Lord our Cre - a - tor, how ex - cel - lent Thy Name is in all the
43
48
마 나 얼 마 나 아 름 다 운 지 요
herr - lich ist dein Na - me in al - len Lan - - - den.
ex - cel - lent Thy Name is in all the na - - - tions!
충 만 하 리 라 주 의 영 광 이 온
in al - len Lan - - - - - den, Herr un - ser Herr - scher, wie
in all the na - - - - - tions, Lord our Cre - a - tor, how
땅 에 충 만 하 리 주 의 영
herr - lich ist dein Na - - - - - - me, ist dein Na - - - - -
ex - cel - lent Thy Name in all the na - - - -
리 라 주
Lan - - - - - - - - - - - - - - - - den, wie
na - - - - - - - - - - - - - - - - tions, how
48
sf

53
A
f
여 호 와 이 름 온 땅 에 충 만
Herr un - ser Herr - scher, wie herr - lich ist dein
Lord our Cre - a - tor, how ex - cel - lent Thy
땅 에 충 만 하 리 온 세 상 위 에 충 만 하
herr - lich ist dein Na - me in al - len Lan - den, in al - len
ex - cel - lent Thy Name is in all the na - tions, in all the
광 충 만 하 리 라 여 호 와 이 름 충 만 하
me in al - len Lan - den. Herr un - ser Herr - scher, in al - len
tions, in all the na - tions, Lord our Cre - a - tor, in all the
여 호 와 이 름 이 온 세 상 위 에 충 만 하
herr - lich ist dein Na - me in al - len Lan - den, in al - len
ex - cel - lent Thy Name is in all the na - tions, in all the
58
하 리 아 멘 아 멘
Na - me! A - men, A - men,
Name is! A - men, A - men,
리 라 아 멘 아
Lan - den! A - men, A -
na - tions! A - men, A -
리 라 여 호 와 이 름 충 만 하
Lan - den. Herr un - ser Herr - scher, Herr un - ser
na - tions! Lord our Cre - a - tor, Lord, our Cre-
리 라
Lan - den.
na - tions!

63
아 멘
A - - - - - - - - - men!
A - - - - - - - - - men.
멘 아 멘 온 땅 에 충 만 하
- - men, A - men! Wie herr - lich ist dein Na -
- - men, A - men, how ex - cel - lent Thy Name
리 라 온 땅 에 충 만 하
Herr - - - - scher, wie herr - lich ist dein Na - - - -
a - - - - tor, how ex - cel - lent Thy Name
f
여 호 와 이 름 온 땅 에 충 만 하
Herr un - ser Herr - scher, wie herr - lich ist dein Na - - - -
Lord our Cre - a - tor, how ex - cel - lent Thy Name
63
f
68
여 호 와 영 광
Herr un - ser Herr - scher,
Lord our Cre - a - tor!
리 온 땅 에 충 만 하 리
- - me, wie herr - lich, herr - lich ist dein
is, how ex - cel - lent Thy
리 온 땅 에 충 만 하
- - - - - - me, wie herr - lich ist dein Na - - - -
is, how ex - cel - lent Thy Name
리 여 호 와 이 름 온 땅 에 충 만
- - me, Herr un - ser Herr - scher wie herr - lich ist dein
is, Lord our Cre - a - - - tor, how ex - cel - lent Thy
68
sf

72
여 호 와 이 름 온 땅
Herr un - ser Herr - scher, wie herr - - - - -
Lord our Cre - a - tor, in all the na -
f
로 다 주 의 이 름 여 호 와
Na - me. ist dein Na - me, Herr un - ser
Name is, in all the na - tions, Lord our Cre-
리 온 땅 에 충 만 하 리 여 호 와
- - - - - me, wie herr - lich ist dein Na - - - me, Herr un - ser
is, how ex - cel - lent Thy Name is, Lord our Cre-
하 리 여 호 와 이 름 온 땅 에 충 만 하 리
Na - me, Herr un - ser Herr - scher wie herr - lich ist dein Na - me,
Name is, Lord, our Cre - a - tor, how ex - cel - lent Thy Name is
72
sf
ff
77 B
에 온 땅 에 충 만 하 리 충 만 하 리 라 주
- - lich, wie herr - lich ist dein Na - me in al - len Lan - den, wie
- - tions, how ex - cel - lent Thy Name is in all the na - tions, how
이 름 온 땅 에 충 만 하 리 충 만 하 리 라
Herr - scher wie herr - lich ist dein Na - me in al - len Lan - den,
a - tor, how ex - cel - lent Thy Name is in all the na - tions,
이 름 온 땅 에 충 만 하 리 충 만 하 리 라
Herr - scher wie herr - lich ist dein Na - me in al - len Lan - den,
a - tor, how ex - cel - lent Thy Name is in all the na - tions,
주 의
Herr, Herr,
Lord, Lord,
77 B

82
이 름 온 땅 위 에 충 만 하 리 라
herr - lich ist dein Na - me in al - len Lan - den,
ex - cel - lent Thy Name is, in all the na - tions!
온 세 상 위 에 충 만 하 리 라 늘
in al - len Lan - den, Herr un - ser Herr - scher, wie
in all the na - tions! Lord our Cre - a - tor, how
온 세 상 위 에 주 님 의
in al - len Lan - den, Herr un - ser
in all the na - tions, Lord our Cre-
주 님 의 영 광
Herr un - ser Herr - scher,
Lord our Cre - a - tor,
82
87
여 호 와 하 나 님 여 호 와 주 의 이
Herr un - ser Herr - scher Herr, Herr un - ser Herr - scher wie
Lord our Cre - a - tor, Lord, Lord our Cre - a - tor, how
충 만 하 리 로 다 여 호 와 주 의 이
herr - lich ist dein Na - me, Herr un - ser Herr - scher wie
ex - cel - lent Thy Name is Lord our Cre - a - tor, how
ff
영 광 여 호 와 주 의 이
Herr - scher, Herr un - ser Herr - scher wie
a - tor, Lord our Cre - a - tor, how
온 땅 에 여 호 와 주 의 이
wie herr - lich, Herr un - ser Herr - scher wie
Cre - a - tor, Lord our Cre - a - tor, how
87
ff

92
름 이 온 땅 위 에 충 만 하 리 라 온 세 상
herr - lich ist dein Na - me in al - len Lan - den, in al - len
ex - cel - lent Thy Name is in all the na - tions, in all the
름 이 온 땅 위 에 충 만 하 리 라 온 세 상
herr - lich ist dein Na - me in al - len Lan - den, in al - len
ex - cel - lent Thy Name is in all the na - tions, in all the
92
97
사 람 주 께 감 사 하 리 라
Lan - den, da man dir dan - ket im Him - - - mel.
na - tions. Thou fill - est heav'n with glo - - - ry.
사 람 주 께 감 사 하 리 라
Lan - den, da man dir dan - ket im Him - - - mel.
na - tions. Thou fill - est heav'n with glo - - - ry,
97
sf

102
C
온 세 상 위 에 늘
Herr un - ser Herr - scher, wie
Lord our Cre - a - tor, how
여 호 와 이 름 세 상 위 에 늘
Herr un - ser Herr - scher, un - ser Herr - scher, wie
Lord our Cre - a - tor, our Cre - a - tor, how
온 세 상 위 에 늘
Herr un - ser Herr - scher, wie
Lord our Cre - a - tor, how
102
C
ff
106
충 만 하 리 로 다 온 세 상 사 람
herr - lich ist dein Na - me in al - len Lan - den,
ex - cel - lent Thy Name is in all the na - tions.
충 만 하 리 로 다 온 세 상 사 람
herr - lich ist dein Na - me in al - len Lan - den,
ex - cel - lent Thy Name is in all the na - tions.
106

110
주 께 감 사 하 리 라
da man dir dan - ket im Him - - - - mel.
Thou fill - est heav'n with glo - - - - ry.
주 께 감 사 하 리 라
da man dir dan - ket im Him - - - - mel.
Thou fill - est heav'n with glo - - - - ry.
주 께 감 사 하 리 라 아
da man dir dan - ket im Him - mel. A - - -
Thou fill - est heav'n with glo - ry. A - - -
110
sf
114
아 멘 아 멘
A - - - - - - men, A - - - - - men,
A - - - - - - men, A - - - - - men,
아 멘 아 멘
A - - - - - - - men, A - men,
A - - - - - - - men, A - men,
아
A - - - - - - - - - -
A - - - - - - - - - -
멘 아 멘 아
men, A - - - - - men, A - - - -
men, A - - - - - men, A - - - -
114

118
아 멘 아 멘 아
A - men, A - men, A -
A - men, A - men, A -
아 멘 아
A - men, A -
A - men, A -
멘 아
- men, A -
- men, A -
멘 아
- men, A -
- men, A -
118
123
멘 아 멘 아 멘
- men, A - men, A - men!
- men, A - men, A - men!
멘 아 멘
men, A - men!
men, A - men!
멘 아 멘 아 멘
- men, A - men, A - men!
- men, A - men, A - men!
멘 아 멘 아 멘
- men, A - men, A - men!
- men, A - men, A - men!
123

책임감수 최영은
예원학교, 서울예고, 이화여대 음악대학 졸업
서울장신대 교회음악대학원 합창지휘 전공 석사
서울장신대 음악학 지휘 전공 박사
광명시립합창단, VOCE DI ANIMA 앙상블 객원지휘
동원대학교, 횃불트리니티콘서바토리 외래교수 역임
현) 온누리교회(부천) 성가사, 코리안싱어즈 부지휘
서울장신대, 백석대학교 출강

Felix Mendelssohn
멘델스존
엘리야
Elias Op.70

초판 1쇄 발행 2016년 2월 20일

작곡	펠릭스 멘델스존
번역	홍정표
책임감수	최영은
펴낸이	손중목
펴낸곳	빛나라
출판등록	제315-2008-024호
도로명주소	서울특별시 강서구 공항대로46길 13-18 / (우)07654
지번주소	서울특별시 강서구 화곡동 1113-16 / (우)07654
대표전화	02-2693-1112
영업부	02-2606-8151
편집부	02-2606-8152
팩스	02-2606-5183
홈페이지	www.vitnara.com
이메일	vn@vitnara.com
등록번호	ISBN 979-11-85908-61-8
정가	값 20,000원

Printed in Seoul, Korea 2016

이 도서의 국립중앙도서관 출판시도서목록(CIP)은
e-CIP 홈페이지(http://www.nl.go.kr/ecip)와
국가자료공동목록시스템 (http://www.nl.go.kr/kolisnet)에서
이용하실 수 있습니다.(CIP제어번호: CIP2016002367)

빛나라 추천도서

구노
장엄미사
Messe solennelle de Sainte Cécile

구노 장엄미사

구노 작곡 · 홍정표 역 / 88면 / 9,000원

〈장엄미사〉는 독실한 가톨릭 신자로서 그 삶의 전반을 통하여 깊은 신앙심을 바탕으로 교회음악에 대한 관심을 내려놓지 않았던 작곡가 구노의 일생동안 가장 위대한 작품 가운데 하나로 평가 받는 작품입니다.
프랑스 낭만음악의 세련됨과 서정적인 선율이 특징적이며, 다른 미사곡과 다르게 Agnus Dei 중에 세 번의 Amen 가사가 추가되었고, 오르간 곡으로만 연주하게 한 4번곡 Offertory, 그리고 Domine Salvum(구원의 주님)이 마지막 곡으로 삽입되어 기존 미사곡과는 다르게 구성된 구노 특유의 〈장엄미사〉입니다.

VIVALDI'S
GLORIA
영광송

영광송

비발디 작곡 · 홍정표 역 / 80면 / 9,000원

경쾌하고 빠른 리듬들, 느린 부분에서의 감미로운 멜로디와 안정된 화성. 이와 같은 매력적인 비발디의 음악은 각 악기의 특성이 잘 드러나는 구조로 바로크시대에서 기악음악의 틀을 잡아주는 역할을 하였습니다. 바흐 또한, 비발디의 화성을 연구하고 그의 음악에 적용하여 바로크음악을 완성시키게 됩니다.
이러한 지대한 영향력을 주었던 비발디의 음악은 오랜 세월동안 잊혔다가 90여 년 전에 그의 곡들이 발견이 되고 연주되어져 지금까지 사랑받고 있습니다. 이 곡 〈영광송〉에서는 교회에서 사제로 일했던 그의 독실한 신앙이 잘 드러납니다.

W. A. Mozart
대관식 미사
KRÖNUNGS MESSE
K.V. 317

대관식 미사

모차르트 작곡 · 홍정표 역 / 88면 / 8,000원

대관식 미사(KV. 317)는 모차르트의 약 20여곡의 미사 중에서 가장 많이 연주되고 사랑 받는 곡 중 하나입니다. 이 곡은 1779년 3월 경 잘츠부르크에서 작곡되었습니다. 이 곡이 Krönungs-Messe라고 불리는 이유는, 1751년에 관을 쓴 성모 마리아 상의 제막식에서 매년 기념행사로 미사가 드려졌는데, 이 곡이 기념 미사곡으로 작곡된 것으로 알려져 Krönungs-Messe(대관식 미사)로 불리게 된 것입니다.

헨델의
메시아
Messiah

헨델의 메시아

헨델 작곡 · 홍정표 역 / 204면 / 10,000원

한국 합창음악 출판을 앞장서서 이끌어온 홍정표 교수의 심혈을 기울인 번역으로 가사를 더욱 매끄럽게 하였으며 한글, 영문 가사를 포함하여 국내, 국외 연주에서도 효과적으로 연주할 수 있습니다.
헨델이 작곡한 원본에 충실한 악보이며 출판된 메시아 악보 중에 가장 가벼운 책으로(약 200페이지) 오랫동안 들고서 노래하기에 편하도록 만들었습니다.

빛나라 추천도서

BACH
Johann Sebastian Bach
바흐
요한수난곡
Johannes Passion
BWV 245

요한수난곡(BWV 245)

J. S. 바흐 작곡 · 홍정표 역 / 216면 / 15,000원

바흐의 신앙과 바로크 양식이 잘 표현된 〈요한 수난곡〉은 슬픔, 분노, 기쁨, 공포 등과 같은 인간의 희로애락의 감정을 적절하게 음악으로 표현하여 커다란 감동을 일으키는 데 성공하였습니다. 인류가 남긴 종교음악 가운데서도 최고의 명곡으로 꼽히는 바흐의 〈요한 수난곡〉은 종교를 초월하여 듣는 이로 하여금 깊은 감동을 선사할 것입니다.

BACH
Johann Sebastian Bach
바흐
크리스마스
오라토리오
Weinachts - Oratorium

크리스마스 오라토리오

바흐 작곡 · 홍정표 역 / 288면 / 20,000원

음악의 아버지 바흐가 크리스마스를 위해 인류에게 남긴 위대한 작품! 바흐 '크리스마스 오라토리오 BWV 248'. 인류 구원의 대사역을 위해 이 땅에 오신 예수 그리스도의 성탄을 위한 가장 아름다운 축제의 음악 크리스마스 오라토리오는 1734년 독일 라이프치히 성 토마스 교회의 크리스마스 시즌을 위해 바흐가 작곡하였다. 대부분 대강(대림)절부터 다음해 주현절까지 총 6회에 걸쳐 연주되어지기 때문에, 총 6부로 구성되어져 있다. 각 부가 각기 하나의 독립된 칸타타로 연주될 수 있도록 작곡되었다. 또한 각 교회, 합창단의 사정에 맞추어 나누어 연주하거나, 전곡을 한꺼번에 연주하여 사용할 수 있다.

HAYD
하이든
천지창조
Die Schöpfung
Hob. XXI:2

천지창조

하이든 작곡 · 홍정표 역 / 220면 / 15,000원

헨델의 〈메시아〉, 멘델스존 〈엘리야〉와 함께 세계 3대 오라토리오로 손꼽히는 하이든의 〈천지창조〉는 오라토리오 장르를 대표하는 걸작 중 하나이며, 창세기에 기록된 엿새간의 창조과정을 총 3부, 32곡으로 그려내는 사상 최고의 오라토리오입니다.

바흐 칸타타 1
J. S. BACH Kantate BWV 1
Wie schon leuchtet der Morgenstern
참 아름다운 샛별은 빛나고

바흐칸타타 시리즈(BWV 1, 80, 78, 26, 4, 140, 6, 65, 31)

민형식 역 / 각 6,000원

바흐의 성악곡 중에서 교회 칸타타는 가장 중요한 위치에 있습니다. 전 회중이 부르는 코랄을 토대로 만들었고 예배 때 설교음악으로써 기능을 가지고 있습니다. 가사와 언어를 음악으로 표현하는 상징성의 의미와 풍부한 선율, 절묘한 화음, 대위법의 조화, 박력 있는 리듬, 형식성의 다양성, 회화적인 상징의 기발한 방법이 사용되었습니다. 음악의 아버지인 바흐만의 부드럽고 감미로운 울림을 맛보시게 될 것입니다.